신이 된 영웅

관 우

일러두기

1. 본문 중의 인명과 지명은 독자들의 친숙함을 고려하여 한자음 그대로 표기하였습니다.
   다만 일부 현대 인물은 중국어 발음에 따랐습니다.
2. 각주로 표기된 것은 모두 저자의 설명이며, 본문 중의 괄호 안에 뜻을 풀이한 것은
   모두 옮긴이의 설명입니다.

신이 된 영웅
관우

마바오지 지음 | 쉬판칭 그림

양성희 옮김

더봄

신이 된 영웅

관 우

제1판 1쇄 인쇄	2023년 6월 20일
제1판 1쇄 발행	2023년 6월 26일

지은이	마바오지
옮긴이	양성희
펴낸이	김덕문

책임편집	손미정
디자인	블랙페퍼디자인
마케팅	이종률
제작	백상종

펴낸곳	더봄
등록번호	2015년 4월 20일
	서울시 노원구 화랑로51길 78, 507동 1208호
대표전화	02-975-8007 ‖ 팩스 02-975-8006
전자우편	thebom21@naver.com
블로그	blog.naver.com/thebom21

한국어 출판권 ⓒ 더봄, 2023

ISBN 979-11-92386-07-2 03910

관우와 주창(당·오도자)

관우가 적의 장수를 사로잡는 장면을 그린 그림(명·상희)

관우^{關羽}는 한^漢나라 황제가 – 실질적인 명령자는 조조^{曹操}였지만 – 한수 정후^{漢壽亭侯}에 봉했고, 이후 삼국 시대 촉^蜀나라의 대장군이 되어 두 나라의 흥망성쇠에 큰 영향을 끼친 인물이다. 용감하고 전투력이 뛰어나 유비^{劉備}의 전략을 관철시켜 전략 성공률을 높이고, 유비의 정치 노선을 실현시켰다. 유비가 익주^{益州}를 차지한 후 관우는 형주^{荊州}를 맡아 촉나라의 대문을 굳건히 지켰다. 후에 북쪽으로 진출하기 위해 양양^{襄陽}을 공격했지만 조조와 손권^{孫權} 연합군에게 당해 형주를 잃고 대패해 목숨까지 잃었다.

관우의 삶과 업적에 대한 기록은 매우 많이 전해지고 있다. 그런데, 그 내용은 천차만별이다. 수천 년 역사를 지나는 동안 역대 왕조의 황제와 민중이 그를 신격화했기 때문이다. 관우는 보통의 역사 영웅처럼 그저 뛰어난 장군일 뿐이었지만 특히 당^唐나라와 송^宋나라를 거치면서 모든 사람이 존경하고 받드는 신과 같은 존재가 되었다. 이후 민간 전설이나 종교 신앙 색채가 강한 일화 등 역사적 사실을 증명할 수 없는 이야기들이 사료에 기록되기 시작하면서 이런 내용을 정사正史로 받아들이는 사람도 많아졌다. 본래 관우의 삶과 업적은 크게 복잡하지 않았다. 그러나 이런 과정을 거치면서 진실을 알 수 없는 모호한 이야기가 너무 많아져 관우라는 인물 자체도 복잡해졌다.

다시 말해 관우의 삶과 업적은 크게 역사적 사실에 근거한 부분과 사회에 널리 퍼진 신격화된 부분으로 나눠볼 수 있다. 전자는 진수陳壽의 《삼국지》三國志, 배송지裴松之가 주해한 《삼국지주해본》, 《후한서》後漢書, 《동관한기》東觀漢記, 《화양국지》華陽國志, 《자치통감》資治通鑑과 같은 역사 기록을 참고로 하고, 후자는 송나라 이후 역사 기록과 다양한 야사 서적, 민간풍속 자료, 소설과 희곡 등을 참고로 한다.

본서는 역사 진실을 밝히고, 나아가 충의와 신의로 대표되는 관우의 정신을 드높이기 위해 위의 두 가지 부분을 모두 살펴보도록 하겠다. 역사적 사실에 근거해 관우의 발자취를 따라가는 한편 주요 민간 전설에 대해서도 자세히 설명하도록 하겠다.

본서는 현대 역사학자 마바오지馬寶記가 집필하고 지도 자료는 역사지도 전문가 쉬판칭許盤淸이 제작했다. 삽화 자료는 출처를 기록하되, 일부는 인터넷에서 인용한 것도 있음을 미리 밝혀둔다.

관우는 중국뿐 아니라 삼국 시대 역사를 알고 있는 세계인에게 존경받는 영웅으로 관공關公, 무성武聖 등의 별칭으로 불린다. 저자는 관우에 대한 경외심이 넘치지만 역사 연구의 특성상 완벽하지 않을 수 있을 것이다. 독자 여러분의 고견을 부탁드리며, 미리 감사 인사를 전한다.

차례
·········

문무를 겸비한 성현聖賢,

충의와 신의가 대대손손 전해지네.

도원결의로 위업을 시작하고,

삼고초려로 새 국면을 맞이했네.

온 힘을 다해 안량顔良과 문추文醜를 벴고,

홀로 형주를 지키고 양번襄樊 전투를 치렀네.

영웅의 혼이 중원을 뒤덮고,

유가의 성인, 불교의 석가, 도가의 신선이 되었네.

_저자 표제標題

중국 역사상 왕조가 수없이 뒤바뀌고 그때마다 셀 수 없이 많은 영웅
이 등장했다. 위엄과 용맹을 떨친 조조, 천재 모사 제갈량諸葛亮, 풍운의 영
웅 손권, 관대하고 자애로운 리더 유비, 무적의 맹장 장비張飛, 일당백을 넘

어 일당천도 거뜬한 관우 등 삼국 역사를 빛낸 영웅만 꼽으려 해도 벅찰 정도이다. 하지만 그 많은 영웅은 대부분 역사가 흐르면서 자연스럽게 잊혔고, 지금 우리가 그 빛나는 업적을 기억하는 영웅은 아주 극소수이다. 그중 하나가 바로 중국 삼국 시대 역사 영웅 관우이다.

보통의 역사 인물이었던 관우가 시간이 지날수록 신성神性이 강해지고 오늘날까지 막강한 영향력을 행사하는 일종의 문화 현상으로 발전한 것은 특수한 역사적 배경이 만들어낸 결과일 것이다. 수천 년이 흘렀지만 관우는 잊히기는커녕 더 밝게 빛나고 있다. 역사의 강물을 빠져나와 우리의 삶으로 들어온 관우는 모두가 경배하는 금빛 찬란한 신전에서 신성한 힘으로 세상을 밝히는 만인의 신이 되었다. 이 문화 현상은 뿌리 깊은 역사 배경, 복잡한 사회 요인, 신비로운 종교 색채가 한데 뒤얽혀 아주 오랜 시간 쌓여온 일종의 사회정신이다.

관우 숭배 문화의 역사적 요인

모든 문화 현상이 오랜 역사 정신이 쌓인 결과이듯 관공關公 문화, 즉 관우 숭배 문화도 예외가 아니다. 관우가 문화 현상으로 발전해 정신적 지주가 된 데는 특수한 역사 배경의 영향이 컸다.

먼저 《삼국지》를 통해 관우의 용맹이 크게 부각되었다. 특히 《삼국지·관우전》 중 백마白馬 전투 묘사는 용감하고 전투력이 뛰어난 관우를 아주 잘 그려낸 부분으로 꼽힌다.

> 건안建安 5년, 조조가 동쪽으로 진격하자 유비는 원소에게로 달아났다. 조
> 조가 관우를 사로잡아 편장군偏將軍에 봉하고 예우했다. 원소가 보낸 대장
> 안량과 동군東郡 태수太守 유연劉延이 백마현에서 맞붙었고, 조조가 장료張遼
> 와 관우를 선봉으로 삼아 공격하게 했다. 관우가 멀리서 안량의 마차 해가
> 리개를 확인한 후, 말을 타고 질주해 적진을 뚫고 들어가 안량의 목을 베어
> 돌아왔다. 원소 장수들이 관우를 당해내지 못해 백마 포위가 풀렸다.[1]

관우가 백마 전투에서 보여준 용맹하고 두려움 없는 영웅의 전형은
후대 사람들이 그를 영웅으로 추앙하는 중요한 근거가 되었다. 이 사건이
관우 숭배 문화 형성 과정에서 한없이 미화되면서 관우를 무신武神 반열
에 올려놓았다.

후대 사람들은 관우의 용맹을 극대화하려 원소 수하의 장수 문추를
제거한 것도 관우의 업적으로 돌렸다. 원元나라 희곡 작가 관한경關漢卿이
쓴 《관장쌍부서촉몽》關張雙赴西蜀夢(관우와 장비가 함께 서촉으로 가는 꿈)에서 장
비가 이렇게 말한다.

"나는 독우督郵(지방 관리를 조사하는 감찰사)를 채찍질한 적이 있지만, 내

---

1) 진(晉)나라 진수의 《삼국지·촉서(蜀書)·관우전》. 남송(南宋) 배송지의 《삼국지주해본》을 포함해 이하 출처를
명시하지 않은 것은 모두 여기에 해당한다.

형님은 문추를 죽이고 차주車冑를 습격해 제거하고 호뢰관虎牢關에서 여포를 물리쳤다."

희곡뿐 아니라 소설도 마찬가지였다. 《용재수필》容齋隨筆에서 '관우가 수많은 병사에게 둘러싸인 원소의 장수 안량과 문추를 죽였다.[2]라고 썼듯이 많은 학자들이 관우의 용맹을 굳게 믿었다.

방덕龐德을 죽이고 우금于禁을 사로잡아 천도를 고려해야 할 만큼 조조를 큰 위협에 빠뜨렸던 양양 전투도 관우의 주요한 공적 중 하나이다. 이와 관련된 《삼국지》 기록을 보자.

건안 24년, 유비가 한중왕漢中王이 되어 관우를 전장군前將軍에 봉하고 가절월假節鉞을 내렸다. 이는 황제를 대신하는 절월이라는 의미로, 군대를 통솔하고 전장에서 황제에 준하는 권한을 가지는 것을 의미한다. 그해 관우가 군대를 이끌고 조인曹仁이 지키는 번성樊城을 공격했다. 조조는 조인을 지원하기 위해 우금을 파견했다. 그러나 가을 폭우가 내려 한수漢水가 범람해 우금의 군대가 거의 전멸했다. 우금은 관우에게 투항하고, 끝까지 싸운 방덕은 참수됐다. 양현梁縣, 섬현陝縣, 육혼현陸渾縣 등에서 봉기한 민군까지 관우를 따르면서 관우의 명성이 천하를 뒤흔들었다. 조조는 관우의 위협을 피하고자 천도를 고려하는데…….

---

2) 송나라 홍매(洪邁)의 《용재수필》, 상해고적출판사(上海古籍出版社), 1992년 7월.

신이 된 영웅 관우

이때가 관우의 최고 전성기였다.

관우는 유비-제갈량 세력의 핵심 인물이지만 사실 유비의 정치 노선을 충실히 이행하는 군사 행동을 보여준 경우가 드물었다. 그러나 이때는 손권과 손잡고 조조에 맞서는 유비의 정치 노선에 기본적으로 동의하던 시기였고, '명성이 천하를 뒤흔들었다'라는 진수의 높은 평가가 더해져 양양 전투에 큰 정치적 의미를 부여해 관공 숭배 문화 형성 과정을 분석하는 학자들이 많았다. 즉 양양 전투는 한나라 황실 부흥을 외치는 유비 세력의 강한 의지를 보여주는 동시에 조조에게 결정적인 타격을 준 전투였다. 그래서 손권이 배신해 관우를 기습하지 않았다면, 머지않아 조조를 무너뜨릴 수 있었다고 보는 견해도 많았다.

객관적으로 관우가 양양 전투에서 보여준 전투력은 확실히 탁월했다. 우금과 방덕을 물리쳐 조조 군대의 사기를 꺾어버림으로써 단순히 적을 격퇴한 것만이 아니라 아군의 위력을 과시하고 사기를 크게 진작시켰다. 관우가 양양 전투를 치른 시점이 유비 세력의 전체 전략 목표와 부합했기 때문에 양양 전투는 정치적으로도 매우 성공적이었던 셈이다. 후대 역사가와 학자들은 이 부분에 대해 큰 이견이 없다. 그러나 관우 숭배 문화가 계속 발전하면서 역대 왕조가 관우의 용맹한 무적 이미지를 강조하기 위해 양양 전투가 조조를 타도해 한나라 황실을 부흥시키기 위한 중요한 전환점이었다고 확대해석하며 양양 전투의 결과와 가치를 크게 부풀렸다. 나아가 오나라의 배신으로 인한 관우의 죽음이 촉나라와 한나라 멸망의 직접적인 원인[3]이며 심지어 관우를 죽여 조조를 도운 한나라의 도적이라며 손권을 비난⁴⁾하기도 했다. 이처럼 편향된 인식이 관우의 양양 전투에 정치적 의미를 덧씌웠을 것이다.

다음으로 관우의 충의는 진수를 비롯한 많은 역사가의 칭송과 대중의 인정을 받았다. 후대 사람들이 관우의 용맹 다음으로 주목한 것이 유비를 향한 충의였다. 이와 관련해《삼국지》에 다음과 같은 기록이 있다.

> 건안 5년, 소소가 농쪽으로 진격해…… 조조가 관우를 사로잡아 편장군에 봉하고 예우했다. ……조조가 관우를 한수정후에 봉했다. 조조가 관우의 됨됨이를 흠모했으나 오래 머물 뜻이 없음을 눈치채고 장료에게 "자네가 친분이 있으니 가서 물어보게."라고 말했다. 장료가 관우에게 묻자 관우가 한숨을 내쉬었다. "조공이 내게 잘해준다는 것을 잘 알지만, 나는 유 장군의 은혜를 입었고 한날한시에 죽기를 맹세했으니 배신할 수 없네. 나는 결국 떠나겠지만 반드시 조공의 은혜를 갚고 떠날 것이네." 장료가 관우의 말을 전하자 조조가 관우의 의로움을 칭찬했다. 조조는 안량을 죽인 관우가 곧 떠날 것임을 알고 후한 상을 내렸다. 관우는 그동안 받은 선물과 작별을 고하는 서신을 남긴 후 유비를 찾아 원소 진영으로 떠났다. 모두가 관우를 쫓아가 잡아야 한다고 했으나 조조는 "사람마다 섬기는 주군이 다른 법이니 쫓아갈 필요 없다."라고 했다.⁵⁾

---

3) 일례로 당나라 범터(范攄)가《운계우의》(雲溪友議)에서 '관우가 오나라 장수 여몽(呂蒙)의 부하에게 죽임을 당하고, 결국 촉나라가 망했다.'라고 했다.

4) 송나라 유학자 주희(朱熹), 청(淸)나라 시인 왕사정(王士禎) 등이 대표적이다.

신이 된 영웅 관우

《삼국지주해본》은《부자》博子를 인용해 이렇게 설명했다.

장료는 솔직히 말하면 조조가 관우를 죽일 것 같고, 솔직하지 않으면 주군에 대한 도리가 아니니, 한숨만 나왔다. '주공은 어버이와 같고, 관우는 형제가 아닌가?' 그래서 관우의 말을 솔직히 전했다. 조조가 "근본을 잊지 않는 천하에 보기 드문 의인이로구나. 언제 떠나겠다고 했는가?"라고 묻자 장료가 "관우가 주공의 은혜를 입었으니 반드시 보답하고 떠난다 했습니다." 라고 대답했다.

위의 인용문에서 옛 주군을 잊지 않으면서 새로운 은혜에 보답한 관우의 태도와 한 시대를 풍미한 영웅 조조가 보여준 너그러움을 칭송하는 진수와 배송지의 견해가 확실히 드러난다.

관우 숭배 문화가 형성되는 긴 역사 흐름 중에 사람들의 관심이 관우의 용맹에서 점차 충의로 옮겨갔는데, 위의 일화가 아마도 큰 영향을 끼쳤을 것이다.

여기에서 진수는 조조의 관대함도 묘사했지만 관우의 충의와 비교할 때 거의 주목받지 못했다. 이후 배송지가 이 부분을 주해하면서 조조의 장점을 다시 확실히 짚었다.

---

5) 진수의 《삼국지·위서(魏書)·무제기(武帝紀)》

"신의 생각은 이러합니다. 조조는 관우가 오래 머물지 않을 것을 알았으나 그 뜻을 존중했고, 관우가 떠났을 때 의인으로 여겨 뒤쫓지 않았습니다. 만약 군왕의 도량이 없다면 누가 이렇게 할 수 있겠습니까?"

안타깝게도 후대 사람들은 관우의 충의를 크게 칭송하면서 조조의 관대함을 깡그리 잊은 듯하다. 이처럼 편향된 역사 인식이 충의를 상징하는 '붉은 얼굴' 관우와 간신을 상징하는 '하얀 얼굴' 조조의 극명한 대비를 만들어낸 것이다.

유비를 향한 관우의 일편단심 충의는 위나라와 오나라의 조정 논의를 기록한《삼국지》와《삼국지주해본》에도 잘 나타나 있다. 이 중《촉기》蜀記를 인용한《삼국지주해본》에 손권이 관우 부자를 생포한 내용이 있다.

손권이 관우를 살려 유비와 조조에게 대적하려 하자 신하들이 이렇게 말했다. "이리 새끼는 길들일 수 없으니, 훗날 반드시 해가 될 것입니다. 조조가 그때 관우를 없애지 않아 지금 도읍을 옮겨야 할 만큼 큰 화를 자초했습니다. 그런 자를 어찌 살려두겠습니까?" 손권이 결국 관우의 목을 벴다.

그런데 배송지가 다시《오서》吳書를 인용하며 이렇게 덧붙였다.

손권이 관우의 도주를 막으라고 보낸 장수 반장潘璋이 관우를 현장에서 참수했다. 임저臨沮에서 강릉江陵까지 거리가 이삼백 리에 불과하니 어찌 관우를 바로 죽이지 않고 생사를 논할 수 있겠는가? ……손권이 관우를 살려 유비와 조조를 대적하려 했다는 것은 사실이 아니며 말도 안 되는 주장이다.

하지만, 배송지의 판단은 근거가 매우 부족하다. 오나라가 관우를 생포했을 때 죽일지 말지 논의할 시간이 충분히 있었다. 게다가 반장은 촉나라 최고의 장수 관우를 생포한 후 마음대로 처리할 권한이 없었다. 그럴 용기도 없었을 것이다. 그러므로 이치상 《촉기》의 기록이 훨씬 사실에 부합할 것이다.

《촉기》에 따르면, 손권과 신하들은 과거 조조가 유비에게 절대 충성하는 관우를 죽이지 않은 것이 큰 실수라고 생각했다. 때문에 후환을 제거하는 차원에서 관우를 절대 살려둘 수 없었다.

위나라가 생각하는 유비를 향한 관우의 충심도 크게 다르지 않았다. 《삼국지·유엽전劉曄傳》 기록에 따르면, 황초黃初(위나라 문제文帝 조비曹丕의 연호) 원년(220년)에 조비가 대신들에게 유비가 관우의 복수를 하지 않겠냐고 묻자, 모두가 촉나라는 원래 약하고 관우까지 죽었으니 감히 싸우려 하지 않을 것이라고 말했다. 그러나 시중侍中 유엽의 생각은 달랐다.

촉나라는 작고 힘이 없지만 유비가 무력으로 힘을 과시하기 위해 반드시 그 힘이 넉넉하다는 것을 보여줄 것입니다. 또한 관우와 유비는 군신의 의리뿐 아니라 부자와 같은 은혜를 나눈 사이입니다. 관우가 죽었는데 군사

를 일으켜 복수하지 않는다면, 평생 의리와 은혜가 부족하다는 것입니다.[6]

이처럼 동시대와 후대 사람들이 한결같이 관우의 충의를 인정하고 칭송했고, 관우의 충의가 사회적으로 큰 가치가 있다고 인식하면서 통치자가 표방하는 본보기로 발전하기에 이르렀다.

마지막으로 후대 역사가와 문학가들이 관우의 충의와 용맹을 끊임없이 칭송했다.

역사 인물의 우상화는 인물 자체의 기본 요인뿐 아니라 수많은 외부 환경 요인이 더해져 탄생한다. 단순히 관우가 두려움 없고 용맹해서 관우 숭배 문화로 발전한 것이 아니라, 역사라는 복잡하고 거대한 소용돌이에서 자신을 드러내려는 사람들이 늘 존재했기 때문이다. 특히 정치 혼란기에는 현실성 여부를 떠나 자신의 뜻을 분명히 드러낼 필요가 있었다.

청나라 역사가 조익趙翼은 《입이사찰기》廿二史札記에서 관우 숭배 문화를 설명할 때, 관우를 존경하고 본받으려 한 역사 인물을 열거했다.

한나라 이후 용맹한 자를 꼽자면 단연 관우와 장비이다. 이들의 용맹은 기록으로 보면 잘 모르겠지만 당시에는 어마어마한 명성을 떨쳤다. 위나라 정욱程昱은 "유비가 이름을 떨칠 수 있었던 것은 관우와 장비가 만인을 대적할 정도로 용맹했기 때문이다."라고 했다. 유엽은 한중漢中을 차지한 기세를 몰

---

6) 진수의 《삼국지·위서·유엽전》

신이 된 영웅 관우

아 촉나라를 공격하라고 조조를 설득했고, (중략) 위나라 사람들은 그들의 용맹에 탄복했다. 주유周瑜는 손권에게 비밀 상소를 올려 "유비는 효웅의 기질이 있고 맹장 관우와 장비가 있으니, 오랫동안 몸을 숙이고 이용당할 사람이 아닙니다."라고 했다. 이를 보면 오나라 사람도 그들의 용맹을 높이 평가했음을 알 수 있다. 이것이 전부가 아니다. (중략) 관우와 장비는 동시대 사람에게 경외의 대상이었고, 수백 년이 지나서도 경의를 표하지 않는 사람이 없었다. 그 위엄과 명성이 지금까지 전해지고 있으니, 그들의 타고난 용맹은 결코 거짓이 아닐 것이다.[7)]

조익이 열거한 사람은 당나라 이전이지만, 이후 왕조에서도 이와 비슷한 사례를 쉽게 찾아볼 수 있다. 특히 관우 숭배 열풍이 일고 어느 정도 관우 숭배 문화가 형성된 후에는 더 많아졌다. 북송北宋 시대 양산박梁山泊 농민 반란의 영웅 대도大刀 관승關勝은 관우의 후손으로 추앙받았고, 원나라 말기 홍건군을 이끈 유복통劉福通, 명明나라 말기 농민 반란군을 이끌었던 고영상高迎祥, 이자성李自成, 장헌충張献忠, 청나라 말기 태평천국군太平天國軍을 이끈 홍수전洪秀全 등이 관우를 자신의 롤모델이자 필승의 수호신으로 삼아 군대를 이끌었다. 관우의 용맹과 전투력이 신격화된 것은 바로 이런 역사 배경 때문이었다.

또한 관우의 위엄과 용맹은 역대 문학가에게 많은 영감을 주었다. 당

---

7) 조익의 《입이사찰기》

나라 시인 낭사원郎士元은 〈관우사송고원외환형주〉關羽祠送高員外還荊州를 지었다.

장군은 용맹이 타고났고, 將軍秉天姿

옛날이나 지금이나 그 의리와 용맹이 변치 않네. 義勇冠今昔

말을 달려 전쟁터를 누비고, 走馬百戰場

칼 하나로 만인을 무찌르네. 一劍萬人敵

고마운 마음은 있지만, 誰為感恩者

결국은 돌아갈 손님일 뿐이네. 竟是思歸客

형무를 떠돌며 流落荊巫間

고향 밖을 배회하니, 裴回故鄉隔

사당을 마주하고 앉아, 離筵對祠宇

어두워지는 하늘에 술을 뿌리네. 灑酒暮天碧

가거든 더 말하지 마라. 去去勿復言

슬픔을 안고 옛 자취를 찾아가네. 銜悲向陳跡8)

당나라 시인 동정董侹은 〈중수옥천관묘기〉重修玉泉關廟記에서 이렇게 읊었다.

---

8) 《관제지(關帝志)》 권사(卷四) 예문하(藝文下)

신이 된 영웅 관우

삼국 시대 장군은 將軍當三國之時

만인의 적이라. 負萬人之敵

맹덕이 그를 피하고, 孟德且避其鋒

공명이 그를 극찬했네. 孔明謂之絶倫

장군은 죽더라도 의를 지키고 은혜를 갚으니, 其於殉義感恩

살아서나 죽어서나 똑같아라. 死生一致

안량을 죽이고 우금을 붙잡아 斬良擒禁

그 뜻을 알렸노라. 此其效也9)

　　이러한 문학 작품에서의 찬양과 선전은 관우 숭배 문화 형성에 큰 영향을 끼쳤다.

　　관우 숭배 문화 형성의 역사 요인은 관우 정신을 확립하는 데 결정적인 역할을 했다. 당나라 이전까지 관우에 대한 대중의 평가가 특별히 높았다. 전쟁 중이나 평상시 사회에서 관우의 영웅적인 행위가 본보기가 되면서 의식적으로든 아니든 모든 사람이 자연스럽게 관우를 존경하는 보편적인 사회적 공감대가 형성됐다. 이런 공감대가 형성된 가운데 통치자들이 의도적으로 관우를 칭송하는 사례가 반복되면서, 관우의 사회적 존재감이 점점 더 커지고 대중의 일상에 파고들어 정신적인 지주로 자리 잡았다.

---

9) 《관제지》 권삼(卷三) 예문하

관우 숭배 문화의 사회적 요인

관우에 대한 칭송이 사회의 정신적인 지주로 자리 잡은 또 다른 요인
으로 붓이 아닌 칼의 힘을 상징하는 장수에 대한 사회적 기대를 꼽을 수
있다. 관우의 무용담이 사회에 널리 퍼지고, 관우의 영웅 이미지가 많은
사람에게 인정받고, 신의와 용맹을 겸비한 관우가 대중의 본보기가 되고,
나아가 우상으로 숭배 받는 과정이 오랫동안 진행됐다. 그 결과 관우는
단순히 삼국 시대를 빛낸 장수가 아니라, 사회정신에 기반한 문화 현상이
되어 평범한 사람들의 일상 곳곳에서 그의 흔적을 발견할 수 있게 됐다.
이후 관우는 도탄에 빠진 백성을 구하고 만민의 평안을 기원하는 수호신
인 동시에 대중을 효과적으로 이끌 수 있는 통치 수단이 되기도 했다. 이
시점부터 관우는 종교이자 신앙이 됐다.

관우 숭배 문화 형성의 사회적 요인으로 가장 먼저 민간 범신론汎神論
사상을 꼽을 수 있다.

손권은 임저 장향漳鄕[10]에서 참수된 관우의 시신을 당양當陽에 남기고

---

10) 《삼국지·관우전》에 '손권이 보낸 장수가 관우를 기습해 임저에서 관우와 관우의 아들 관평(關平)을 죽였
다.'라는 기록이 있고, 《삼국지·오주전(吳主傳)》에서는 '손권이 주연(朱然)과 반장을 보내 관우의 도주를 막
도록 했다. 12월에 반장의 수하 마충(馬忠)이 장향에서 관우, 관평, 조루(趙累)를 사로잡고 형주를 평정했
다.'라고 했다. 두 기록의 장소가 한쪽은 임저, 한쪽은 장향이지만 실제로는 같은 곳이라는 것이 일반적
인 견해이다. 임저는 남군(南郡)에, 장향(漳鄕)은 임저에 속하기 때문이다. 그러나 동락의(董樂義)의 《고당
양(古當陽)》에 따르면 장향(漳鄕)은 장향(章鄕)이어야 한다. 장향(漳鄕)은 장하(漳河) 부근이고 장향(章鄕)은
저하(沮河) 부근인데, 관우가 살해당한 곳은 후자이기 때문이다. 상세한 내용은 《고당양》(호북사서출판사,
2000년 10월판) 166쪽 '관우는 어디에서 살해됐을까.' 편을 참고 바람.

신이 된 영웅 관우

수급은 낙양洛陽에 보내 조조가 처리하도록 했다. 영리한 조조는 그 의도를 꿰뚫어 보고 손권과 관련이 없음을 보여주기 위해 낙양에서 제후의 예를 갖춰 관우의 장례를 후하게 치렀다.

관우는 원래 명성이 높았는데 몸과 머리가 다른 곳에 묻히는 비참한 최후를 맞이하자 애도의 물결이 크게 일었다. 관우가 죽은 뒤 형주에서는 매년 대규모 제사를 거행했다. 관우의 제사는 수급이 묻힌 낙양이 아니라 관우가 죽은 형초荊楚 지역에서 진행됐다. 이것은 고대 중국 민간에 퍼진 다신 숭배 및 형초 문화의 범신 숭배와 밀접한 관련이 있다.

사료 기록에 따르면 예부터 형초 지역에 제사와 신령 숭배가 널리 퍼져 있었다. 왕일王逸의 《초사장구》楚辭章句에서 굴원屈原의 〈구가〉九歌를 해석한 부분을 살펴보자.

> 〈구가〉는 굴원의 작품이다. 초楚나라 도읍 남영南郢, 원수沅水와 상수湘水 일대 마을에 귀신을 믿고 제사를 좋아하는 풍속이 있었다. 제사는 악기를 연주하며 신을 즐겁게 하는 행사였다. 쫓겨난 굴원이 이곳에 숨어 살면서 억울하고 우울하고 괴로운 날을 보냈다. 그러다 이곳 사람들이 노래하고 춤추며 제사 지내는 것을 봤는데, 가사가 너무 형편없어 〈구가〉를 지었다. 〈구가〉는 겉으로는 신을 공경하는 내용이지만 사실 자신의 억울함을 토로하고 세태를 풍자하는 비유가 숨어 있다.[11]

---

11) 송나라 홍흥조(洪興祖)의 《초사보주(楚詞補注)》, 중화서국(中華書局), 1983년 3월, 55쪽.

굴원이 옛 초나라 지역 민간 풍속의 제사 음악을 빌려 자신의 억울함을 토로한 것이 〈구가〉이다. 《한서漢書·지리지地理志》에도 '초나라 땅에 미신과 음사淫祀(내력이 불확실한 신에게 지내는 제사)가 성행했다.'라는 기록이 있다. 현대 사학자 마마오위안馬茂元은 《초사선楚辭選》에서 조금 더 자세하게 설명했다.

옛 초나라 지역에 〈구가〉와 같은 제사 음악이 성행한 것은 우연한 사례가 아니다. 초나라의 민간 종교의식이 무풍巫風 형태로 표현된 남방 전통 문화의 일부이다. 무풍이란 신과 인간의 구분이 모호하던 상고 시대에 무녀巫女가 주관하는 신을 맞이하는 제사 풍습을 의미한다.[12]

마마오위안은 초나라 지역 무풍의 기원과 발전에 대해 설명했다.

무풍은 아주 먼 상고 시대에 기원했다. 은상殷商 시대에 매우 성행해 이윤伊尹이 무풍을 금지하기도 했다. 주周나라 사람들은 농업을 중시하고 매우 성실했다. 주공周公이 예악과 법도를 정한 후 모든 제사에 명확한 기준이 생겼다. 신의 존재를 부정하지는 않았지만 인간과 신의 경계를 명확히 구분했다. 그래서 주나라가 통치했던 북방은 무풍이 점차 사라졌지만 장강長江(양쯔강) 유역과 황하黃河 남부 지역은 신비로운 색채가 짙은 무속 신앙이 계속

---

12) 마무원의 《초사선》, 인민문학출판사, 1958년 4월.

신이 된 영웅 관우

성행했다.

마마오위안이 지적한 대로 형초 지역은 상고 시대 풍습이 남아 있을 만큼 문화가 낙후됐다. 이런 풍습이 후대에 범신 사상으로 발전했다. 그래서 형초 지역에서는 어느 정도 영향력 있는 인물이 널리 알려지면, 사후에 민간 제사에서 모시는 신이 되었다. 이런 현상은 송나라 이학理學 사상이 등장할 때까지 이어졌다. 제사를 지내는 대상은 인간만이 아니라 세상 만물이었다. 고대 사람들은 모든 사물에 영혼이 깃들어 저마다 주관하는 분야가 있다고 생각했다. 이것이 범신 사상이다.

그래서 관우가 죽은 후, 형초 사람들은 생전에 이름을 떨친 관우를 신으로 받들어 추모하는 동시에 자신을 지켜주고 평안하기를 기원했다. 《당양현지》當陽縣誌 기록에 따르면, 오나라가 관우를 죽인 후, 형주 사람들이 매년 제사를 지냈다고 한다. 명나라 때 만든 〈의용무안왕묘기〉義勇武安王墓記에 다음과 같은 기록이 나온다.

당양 관부에서 서쪽으로 5리 떨어진 곳에 한나라 의용무안왕의 사당과 묘가 있다. 왕이 건안 24년 10월에 죽어 제후의 예로 이곳에 묻고 사람들이 제사를 지냈다. 사당이 무너져 다시 세운 것이 몇 번인지 모른다.

이를 통해 관우를 모시는 제사가 끊임없이 이어져 왔음을 알 수 있다. 물론 형초 지역의 관우 제사를 다르게 보는 견해도 있다. 이 지역의 제사 대상은 크게 선귀善鬼와 악귀惡鬼로 나뉘는데, 선귀 제사를 사정祠正, 악귀 제사를 사력祀厲이라고 불렀다. 사정은 선귀가 보살펴주기를 기원하는 것이고, 사력은 악귀의 화를 피하기 위함이었다. 관련 문헌을 살펴보면 관우는 악귀에 해당한다. 사람들은 죽을 때 참수를 당한 관우의 영혼이 원한에 사무쳐 잘못 건드리면 큰 화를 불러올 수 있다고 생각했다. 그래서 화를 피하기 위해 관우를 모시는 제사를 올리기 시작했다는 것이다.[13] 이 견해는 어느 정도 일리가 있다. 또한 범터의 《운계우의》, 홍매의 《이견지》夷堅志 등 당송唐宋 시대 문헌에도 이를 증명할 기록이 남아 있다. 다음은 《이견지》 기록이다.

> 동주潼州의 관운장關雲長 묘는 관부에서 멀리 떨어진 서북쪽에 있는데, 그곳 백성들이 지극 정성으로 제사를 모셨다. 입구에 늘어선 수십 구 동상 중 노란옷 입은 전령은 화난 얼굴에 수염이 가득하고 깃발을 든 것이 아주 무서웠다.[14]

어떤 이미지든 관우의 제사가 민간에서 시작됐다는 사실은 의심할 여지가 없다. 이런 상황은 당나라까지 큰 변화가 없었으나, 북송 시대에 이르러 형초 지역을 넘어 장강과 회수淮水 지역까지 퍼져나갔다.

---

13) 채동주(蔡東洲, 차이둥저우) 외 《관우숭배연구(關羽崇拜研究)》, 파촉서사(巴蜀書社), 2001년 9월, 54쪽.

14) 송나라 홍매의 《이견지》 지갑권(支甲卷) 제9조 관왕복두(關王幞頭).

신이 된 영웅 관우

관우가 인간에서 신으로, 악귀에서 선귀로 변해간 과정을 보면 형초 사람들이 관우를 긍정적으로 받아들였음을 알 수 있다. 관우는 이미 사람들 마음 깊이 자리 잡아 일상 곳곳에서 신비로운 존재로 늘 함께했다. 어느 순간 형초를 뛰어넘어 중원 전체에서 백성들을 지켜주는 다양한 수호신이 되었다. 군대에서는 전투의 신으로, 재난이 닥치면 액막이신으로, 평소에는 평안을 지켜주는 수호신이나 풍요로움을 기원하는 재물신으로 등장했다. 이즈음 관우에 대한 경외심이 완전히 사람들 마음에 자리 잡은 것이다. 관우 숭배 문화는 이러한 사회적 심리를 기초로 형성되었다.

그 다음 사회적 요인은 황권 통치의 필요성이다.

관우 제사 풍습이 점점 더 널리 퍼지고 관우가 역사를 벗어나 백성들이 마음 깊이 경배하는 존재로 자리 잡자, 통치자들은 관우 정신의 잠재력과 대중 호소력이 매우 강력하다는 사실에 주목했다. 이때부터 관우는 황권과 긴밀하게 연결됐다.

사실 관우가 평범한 역사 인물에서 남녀노소 누구나 숭배하는 존재로 신격화되는 과정 전반에 보이지 않는 힘이 작용했다. 이 보이지 않는 힘의 주체는 바로 통치자이다. 다시 말해 관우의 신격화는 황권 통치 목적에 부합해 의도적으로 형성된 통치 수단인 셈이다. 관우의 충의와 용맹은 봉건 통치 기준에 확실히 부합했으므로 관우를 민중이 본받을 모범으로 세우기 위해 적극적으로 널리 알렸다.

만주족은 중원에 진출하기 전부터 관우를 숭배했다. 《삼국연의》三國演義로 전투를 배운 누르하치가 관우를 '전투의 신'으로 떠받들었다고 한다.

청나라 강희제康熙帝 이후 살육이 한족의 강한 저항을 야기할 뿐이라고 판단해 채찍과 당근을 적절히 조합한 정책을 펼치고 대의大義를 내세워 중국을 통일하는 데 집중했다. 이 과정에서 '의'가 가장 중요했기에 의로움의 상징인 관우를 충의신무영우관성대제忠義神武靈佑關聖大帝로 추대했다. 그 후로 관우의 별칭은 계속 늘어갔다. 이와 함께 재난을 막고, 병을 고치며, 온갖 악귀를 쫓고, 역적을 토벌해 평안을 지키고, 승진과 부를 이뤄주고, 심지어 자녀 출산 기원까지 관우의 역할과 영향력이 점점 확대됐다.

다음 이야기는 청나라 통치자가 관우를 얼마나 숭배했는지 잘 보여준다.

본 왕조는 《삼국지》의 가르침에 따라 몽골을 회유했다. 중원에 들어가기 전에 먼저 몽골을 정복한 세조世祖가 《삼국지》 도원결의를 배워 몽골 칸과 형제를 맺었다. 만주는 스스로 유비라 칭하고, 몽골은 관우가 됐다. 중원을 평정하고 황위에 오른 만주 황제는 몽골 칸이 딴마음을 품지 않도록 '충의신무영우인용위현호국보민정성수정익찬선덕관성대제'忠誼神武靈佑仁勇威顯護國保民精誠綏靖翊贊宣德關聖大帝에 봉해 존경의 뜻을 표했다. 당시 몽골은 라마(티베트 불교의 뛰어난 고승)와 관우를 가장 숭배했다. 덕분에 몽골은 200년 동안 침입은커녕 어떤 도발도 하지 않았다. 관우가 유비에게 그랬듯 만주를 공손히 섬긴 것이다.[15]

---

15) 《결명필기(缺名筆記)》를 인용한 공령경(孔另境)의 《중국소설사료(中國小說史料)》를 참고 바람.

신이 된 영웅 관우

관우는 청나라 통치자에게 동맹을 회유해 변경의 평화를 유지하는 수단이었다. 이것이야말로 정말 대단한 영향력이 아닌가?

이외에 통치자들이 관우를 불교와 연관시킨 것을 보면 그들의 목적이 훨씬 명확하게 보인다. 외래 종교인 불교가 중국에서 빠르게 퍼져나가 뿌리내리고 크게 발전할 수 있었던 것도 결국 통치자가 종교를 적극 이용했기 때문이다. 다양한 역사 자료와 민간 전설을 살펴보면, 불교가 관우에 주목해 그를 호법신護法神으로 삼았고 나중에 불교 최고 지도자로 받들기까지 했다. 이 배경에 알게 모르게 황권의 힘이 있었다. 이런 경향은 수隋나라 양제煬帝 시대의 지의智顗대사, 무측천武則天 시대의 신수神秀대사처럼 독실한 불교 신자였던 황제 시대에 더욱 두드러졌다. 이들은 기본적으로 불교가 백성을 통치하는 데 매우 효과적이라고 생각했기 때문에 신의와 용맹을 겸비한 무장 관우를 불교 신으로 만들어 불교 토착화를 앞당겼다. 불교가 완전히 토착화되면 그 영향력과 효과가 더욱 커질 테니까.

도교도 비슷한 방식으로 관우를 크게 칭송했다. 특히 송나라의 진종眞宗과 휘종徽宗은 특별히 내세울 만한 업적이 없으나 도교에 대한 믿음이 남달랐다. 관우가 도교의 핵심 위치에 오른 데는 휘종의 공이 매우 컸다.

관우 숭배 문화의 종교적 요인

모든 문화 현상은 사상 흐름의 영향을 벗어날 수 없다. 관우 숭배 정신이 문화 현상이 되어 사회 전반에 큰 영향을 끼친 이유는 각 시대의 사상 및 문화 변혁과 밀접한 관계가 있었기 때문이다. 그중 큰 부분을 차지하는 것이 종교적 요인이다.

종교 발전은 문명 발전과 반비례한다. 사회가 한 단계 한 단계 발전할수록 경이롭고 불가사의했던 존재가 더 이상 신비롭지 않고, 그 실체가 명확히 드러나면 그것을 숭배할 이유와 동기가 사라진다.

중국에 불교가 전해신 시기는 여전히 의견이 분분하다.[16] 그러나 동한東漢 말기에 이미 널리 퍼진 상태였으므로 중국 역사상 최고 혼란기로 꼽히는 위진남북조魏晉南北朝 시대를 함께 지나온 것만은 확실하다. 위나라부터 수나라까지 사백 년 동안 천하 분열이 끊이지 않아 도탄에 빠진 백성들은 고통의 나날을 보낼 수밖에 없었다. 덕분에 불교가 단단히 뿌리내릴 기회를 얻었다. 현생의 괴로움을 견디면 내세에 행복할 수 있다는 불교 교리가 도탄에 빠진 백성에게 한 줄기 희망이 되었다. '구고구난救苦救難(세상의 모든 고통과 고난을 구제하다) 관세음보살'이 많은 사람의 입에 오르내리며, 특히 힘없는 보통 사람들이 크게 열광했다. 불교가 중국에 들어와 단기간에 뿌리를 내린 배경을 살펴보면 이러한 사회 현실의 영향이 매우 컸다.

관우와 불교의 관계는 사수관氾水關 진국사鎭國寺의 행각승 보정普淨선사

---

16) 일반적인 불교 전래 시기는 동한 명제(明帝) 시대이지만 다른 견해도 있다. 탕용동(湯用彤, 탕용퉁)의 《한위량진남북조불교교사(漢魏兩晉南北朝佛教史)》(북경대학출판사, 1997년 9월)에서 상세히 고증했다.

관우 초상화(당. 오도자)

와의 이야기로 시작한다. 관우의 혼령이 보정선사의 설법을 듣고 크게 감화해 불교에 귀의했다는 내용이다. 그 후 남진南陳(남북조 왕조 중 하나)의 유명한 고승이자 천태종天台宗을 창시한 지의대사가 관우를 불교 호법신으로 삼았다. 그리고 훗날 수나라 양제가 되는 진왕晉王 양광楊廣의 도움으로 관우가 죽임을 당한 옥천산玉泉山에 대규모 사찰 옥천사玉泉寺를 지었다. 이때부터 천 년이 넘는 봉건 시대의 수많은 황제들이 관우에게 온갖 관직과 칭호를 붙여가며 칭송했다. 관우는 삼국 시대를 빛낸 장수에 불과했지만 그를 모신 사당에 천 년이 넘도록 향불이 타오르면서 신격화되고 중국 사회에 막대한 영향을 끼치는 종교 신화의 주인공이 되었다.

불교가 다른 역사 영웅이 아니라 관우를 주목한 이유는 폭넓은 대중의 지지를 받았고 통치자의 의도에 부합했기 때문이다. 즉 관우가 신격화된 가장 근본적인 이유는 국가와 백성이 한마음으로 관우의 용맹, 강직, 충성, 의리를 인정하고 받들었기 때문이다.

도교의 경우 내세를 중시한 불교와 달리 현생에 치중했다. 도교는 고대 귀신 숭배에서 시작해 한없는 자유와 불로장생을 추구하는 신선이 되는 것이 최종 목표였다. 물론 도탄에 빠진 백성을 위해 액운을 막고 복을 기원하는 종교적인 역할도 있었다. 도교는 기본적인 종교 교리에 신비로움이 더해져 수많은 신봉자를 끌어모았다. 그중 송나라 진종, 휘종과 같은 황제도 있었다. 도교 역시 황권과 결합하면서 비약적인 발전 기회를 맞이했다.

도교가 관우를 주목한 것은 송나라 휘종 때였다. 도교를 신봉해 자칭

도군황제^{道君皇帝}였던 휘종이 관우의 혼령을 부를 수 있다는 도사 장계선^張
^{繼先}의 말을 믿고 관우를 숭녕진군^{崇寧眞君}에 봉했다. 이때부터 관우는 도교
의 신이 됐다.

　송나라에서 청나라까지, 수차례 왕조가 바뀌며 천 년이 흐르는 동안
많은 황제들이 관우에게 온갖 작위와 관직을 하사했다. 관우는 때로는 신
에서 성인이 되고 때로는 성인에서 왕이 되기도 했다. 관우는 시대를 초
월해 나라와 백성을 지켜주는 신이었고, 모든 근심 걱정을 없애는 특효약
이었다.

관우 숭배 문화를 촉진한 문학과 예술 작품

　문학과 예술 작품은 각 시대의 다양한 사회상을 매우 직접적으로 반
영한다. 모든 시대의 사회상이 수많은 문학과 예술 작품에 고스란히 담겨
있다.

　관우 숭배 문화가 형성되는 과정에서 관우의 제사를 올리기 위해, 관
우의 공덕을 찬양하기 위해, 관우의 위대한 이미지를 확립하기 위해, 관
우의 충의 정신을 고취하기 위해 각양각색의 문학, 예술 작품이 등장했
다. 이처럼 창작의 목적은 조금씩 달랐지만 그 결과는 같았다. 작품을 통
해 대중을 감화시킴으로써 관우 정신의 힘을 믿고 그를 본보기로 삼아
배우게 만들었다.

관우의 최후가 너무 비참했던 탓인지, 그가 죽은 지 얼마 되지 않아 형초 지역에 관우와 관련된 전설이 등장했다. 초창기 전설에 등장하는 관우의 이미지는 훗날 이야기에 비해 훨씬 입체적이다. 백성에게 도움이 되기도 하고 해가 되기도 했기 때문에 기본적으로 그리움과 두려움이 동시에 존재했다.

나중에 불교와 도교가 개입해 신격화된 후로 관우가 현성顯聖(높고 귀한 사람이 죽은 후에 신령이 되어 나타남) 혹은 현령顯靈(신령이 모습을 나타냄)했다는 이야기가 많아졌는데 대부분 정치적인 요소가 강했다.

명나라 전에 등장한 관우 이야기는 단편적이고 불완전했다. 그러나 장편 역사소설《삼국연의》가 탄생하면서 문학 예술을 통해 역사 인물의 매력과 영향력이 더욱 커질 수 있다는 사실이 증명됐다.《삼국연의》가 역사 사실에 근거해 재창조한 관우의 이미지는 단순한 역사 기반의 영향력을 훨씬 뛰어넘었다.《삼국연의》가 만들어낸 충신과 간신의 대립이나 의리와 인정, 지혜와 교활함의 비교 구조로 인해 관우의 긍정적인 면이 크게 부각됐다. 이후《삼국연의》가 많은 사람들에게 사랑받고 널리 알려지자, 민간에서는 소설을 역사적 사실로 받아들이는 사람이 많아졌다.

오랫동안 전해온 신비로운 전설과 일화에《삼국연의》라는 걸출한 문학 작품이 등장하면서 오늘날 관우 이미지의 토대가 마련된 셈이다. 즉 전설과 일화,《삼국연의》가 널리 알려져 영향력이 커질수록 관우의 이미지도 점점 더 널리 퍼져 나갔다.

전통 예술 문화에서 큰 부분을 차지하는 희곡, 회화, 조각 작품도 관우 숭배 문화 형성에 일조했다. 원나라에서 명나라를 거쳐 청나라까지 관우를 주인공으로 한 희곡 관희關戲가 매우 성행했다. 이때는 중국 희곡 역사상 예술 표현 방식과 독특한 패러다임이 크게 발전한 시기였다.

회화 부분을 보면, 오랫동안 맹장의 모습이 관우의 대표 이미지였기에 집집마다 관우를 집안의 평안을 지키는 수호신으로 삼았다. 이후 새해를 맞이해 대문이나 집안을 장식하는 세화歲畫의 문신門神으로 등장해 수호신 이미지가 더 강해지고 널리 퍼졌다.

민간의 관우 숭배 관습이 중국 전역으로 확대되면서 중국 각지에 관우를 모시는 사당이 세워졌다. 처음에는 사당 안에 위패와 그림뿐이었으나 후에 동상이 더해져 사람들이 관우의 위풍당당한 모습을 직접 접하면서 경외심이 더욱 커졌다. 전국 각지의 수많은 사당을 통해 퍼져 나간 관우의 이미지가 사람들 마음 깊이 뿌리내리면서 관우와 관련된 '사당 문화'가 형성됐다. 예로부터 종묘사직을 세우는 일은 매우 중요한 일이었다. 《좌전》左傳에서 '제사와 전쟁은 나라에서 가장 중요한 일이다.'라고 할 정도였으니, 관우 사당 역시 관우 숭배 문화 형성에 매우 큰 영향을 끼쳤다고 볼 수 있다.

1장

청녕기

풍운이 감도는 동한 말기

동한 말기, 조정이 부패하고 토지 겸병 문제가 심각해지면서 사회 갈등이 점점 커졌다.

조정은 환관이 장악한 지 오래고 황제는 갈수록 더 환관에게 의지했다. 환관은 황제를 등에 업고 거리낌 없이 횡포를 일삼아 조정의 권위를 바닥에 떨어뜨렸다. 환관이 전권을 휘두르는 동안 관리들은 교묘한 수단으로 이익을 챙기기 바빴다. 귀족, 권문세가, 지방 호족, 거상 등이 거의 모든 토지를 차지한 채 백성에게 노역을 강요하고 온갖 착취를 일삼았다. 힘없는 백성들은 굶주림과 추위를 견디다 못해 결국 저항과 투쟁의 길에 나설 수밖에 없었다.

한나라 중평中平 원년(184년) 2월, 장각張角이 천공장군天公將軍을 자처하며 황건적黃巾賊의 난을 일으켰다. 장각은 하북河北 거록巨鹿 출신으로, 태평도太平道를 창시해 병을 낫게 해준다는 명목으로 활동을 시작했다. 아픈 사람이 자신에게 절하고 신으로 받들면 병이 낫는다고 주장했는데, 우연히 병이 나은 사람이 속출하면서 신통하다는 소문이 퍼지자 의심을 거두고 숭배하는 사람이 점점 늘어났다. 이후 장각은 각지를 돌아다니며 본격적으로 신도를 모았다. 태평도 신도는 10년 사이에 수십만으로 늘었고, 특히 청주青州, 서주徐州, 유주幽州, 기주冀州, 형주荊州, 양주揚州, 연주兗州, 예주豫州 백성들이 크게 호응했다. 장각을 따르는 추종자의 발길이 끊임없이 이어졌고, 이 중에는 재산을 탈탈 털어 이곳저곳 따라다니나 객사한 사람이 무수히 많았다.

장각은 신도가 크게 늘자 조직 체계를 36방方으로 나누었다. 규모가 큰 방은 만 명이 넘고 작은 방은 6, 7천 명 정도였으며, 방마다 신도를 지휘하는 장군이 있었다. 이즈음 태평도는 머리에 노란 두건을 두르고 '푸른 하늘이 죽었으니 이제 노란 하늘이 일어선다. 갑자년에 좋은 세상이 온다.'라고 외치며 한나라 통치에 맞서는 저항의 깃발을 올렸다.

황건적의 난이 순식간에 한나라 전역을 휩쓸자 큰 충격에 빠진 낙양의 황제와 조정이 서둘러 반란을 진압할 군대를 파견했다. 조조, 손견孫堅, 유비 등 대다수 삼국 영웅이 황건적 진압에 적극적으로 나섰다. 얼마 뒤 황건적 주력군은 진압됐지만 썩을 대로 썩어 위태롭던 동한 조정은 회복 불가능한 타격을 입었다. 이 기회를 틈타 지방 군벌들이 수단과 방법을 가리지 않고 기반을 넓히며 세력을 확장했다.

중평 6년(189년), 영제靈帝가 죽고 17살 장남 유변劉辯이 즉위했다. 관례에 따라 유변의 생모 하何 태후가 섭정에 나서면서 또다시 외척과 환관의 권력 다툼이 시작됐다. 하 태후의 오라비인 대장군 하진何進이 환관 세력을 쓸어버리기 위해 병주목并州牧 동탁董卓의 군대를 낙양으로 불러들였다. 하지만 동탁이 도착하기도 전에 하진은 환관에게 살해되고 하진 대신 군대를 장악한 권문세가 출신 원소袁紹가 강하게 밀어붙여 환관들을 제거했다. 낙양은 순식간에 피바다가 되어 큰 혼란에 빠졌다. 원소가 환관들을 죽이자마자 동탁의 군대가 낙양에 입성해 황제를 차지했다. 동탁이 소제少帝 유변을 폐하고 9살 진류왕陳留王 유협劉協을 황제 자리에 앉혔다. 동한의 마지막 황제가 된 헌제 유협은 평생 이름뿐인 허수아비 황제로 살았다.

동탁이 낙양을 난장판으로 만들자 조정 대신들이 크게 분개했는데, 그중 원소의 실력이 가장 돋보였다. 초평初平 원년(190년), 관동 군벌이 반동탁 동맹을 맺고 원소를 맹주로 추대했다. 그러나 대부분 세력 유지를 위해 몸을 사리며 섣불리 나서지 않았다. 동탁과 직접 맞선 사람은 조조와 손견뿐이었는데, 아직 큰 세력을 형성하기 전이라 이 둘만으로 동탁을 상대하기는 역부족이었다. 얼마 뒤 동탁이 낙양 황궁을 불태우고 헌제獻帝를 데리고 장안長安으로 근거지를 옮겼다.

건안 원년(196년), 조조가 헌제를 허도許都로 데려가면서 조정이 안정됐지만 군벌들의 싸움은 이제 시작이었다.

| 참고자료 | **중국 삼국 시대 군대 편성**

진秦나라 때부터 중앙집권을 강화하기 위해 중앙 정부가 군대 편성을

통일하고 태위太尉(한나라 무제 이후 대사마大司馬로 호칭이 바뀜)에게 군사 부분을 전담하도록 했다. 전쟁이 일어나면 중앙 정부가 각 부분의 장군을 임명해 모든 군대를 체계적으로 지휘했다.

한나라에서 가장 서열이 높은 장군은 대장군大將軍이다. 그 아래로 표기장군驃騎將軍, 거기장군車騎將軍, 위장군衛將軍, 전장군前將軍, 후장군後將軍, 좌장군左將軍, 우장군右將軍을 두었다. 출정할 때 보통 장군마다 막부를 설치해 참모를 거느렸다. 중앙 정부에 태위나 대사마가 있듯이 지방에도 군 단위에 군위郡尉, 현 단위에 현위縣尉를 두어 군사를 담당하도록 했다. 동한 말기에는 각 지방의 행정과 군사를 총괄하는 최고 지휘관 주목州牧을 파견했다.

한나라 군대 체제는 크게 경사군京師軍, 지방군地方軍, 변군邊軍으로 나뉘었다. 경사군은 황궁 안팎을 지키는 낭관郎官과 위사衛士, 수도 경계 지역을 수비하는 둔병屯兵으로 구성했고, 낭관은 낭중령郎中令이, 위사는 위위衛尉가, 둔병은 중위中尉가 지휘했다. 군수와 현령이 다스리는 군과 현의 지방군 통솔은 군위나 현위가 담당했다. 지방군을 징병할 때는 황제가 직접 호부虎符를 발부했다. 변경을 수비하는 변군은 각 지역 군수가 지휘하고 그 아래 도위都尉와 부도위部都尉를 두었다.

삼국 시대 군대는 조금 변화가 있었지만 기본적으로 진한秦漢 체제를 이어받았다. 위나라는 중앙에 군권을 집중시키고 장군, 교위校尉 등을 임명해 각 군대를 지휘하도록 했다. 군대 체제는 중군中軍, 외군外軍, 주군군州郡軍으로 나누었다. 황궁과 수도 수비를 책임지는 중군은 처음에는 조씨 부자가, 후에는 사마司馬씨가 직접 지휘했다. 외군은 변경에 주둔하는 군대이다. 촉나라와 오나라 접경 지역에 주둔한 외군은 둔전제屯田制에 따라 농사도 짓고 변경도 지켰다. 지방 정부가 관리하는 주군군은 지역 수비가 기본이었고 상황에 따라 국가 전쟁에 동원됐다.

오나라와 촉나라의 군사 체제는 대체로 위나라와 비슷하지만 일부 다른 부분이 있었다. 두 나라는 기본적으로 중앙 정부가 중군, 전군, 후군, 좌군, 우군을 직접 지휘했다. 오나라 군대는 지역 특성상 수군이 주력이고 그 다음이 보병이었다. 이에 비해 촉나라 군대는 보병이 주력이고 기병이 그 다음이었다.

삼국 시대 전쟁 무기와 설비는 진한 시대보다 확실히 발전했다. 촉나라는 승상 제갈량이 화살 10개가 연속 발사되는 연노連弩와 군량 보급 효율을 높이는 목우木牛와 유마流馬를 개발했다. 오나라는 병사를 천 명까지 태울 수 있는 대형 전투선 '장안'을 만들었다.

관우의 고향 중조산中條山

관우의 고향은 하동군河東郡 해현解縣으로, 오늘날 산서성 남부 중조산 산자락에 해당한다. 동북에서 서남으로 길게 뻗은 중조산은 동쪽으로 태행산太行山과 이어지고 남쪽으로 황하黃河와 만나면서 산세가 길고 좁기로

중조산 풍경

유명하다.

산등성이가 끝없이 이어지는 중조산 지역은 온난하고 숲이 우거져 아름다운 경치를 자랑한다. 중조산을 경계로 동쪽은 낙양, 서쪽은 장안이고 남쪽에 황하, 함곡관函谷關, 동관潼關이 있다. 이곳은 하남, 산서, 섬서陝西 경계에 걸쳐 있고 중원에서 서북으로 가는 주요 길목이라 예로부터 손꼽히는 전략 요충지였다.

관우가 태어난 하동군 해현의 해解는 원래 이 지역의 소금호수, 즉 염지鹽池를 가리키는 명칭이었다. 《공자삼조기》孔子三朝記에 '황제黃帝가 중기中冀에서 치우蚩尤를 죽이고 머리와 사지를 잘라 여러 곳에 버렸다. 이때 치우의 피가 소금으로 변해 해현의 염지가 됐다. 치우의 사지가 '분해'되었기

때문에 이 지역을 '해'라고 불렀다.'라는 기록이 있다. 그래서 고대에는 이 염지를 해지解池라고 불렀다. 이곳은 춘추 시대에 해解나라 땅이었지만 전국 시대 들어 위나라에 복속되면서 해량解梁이라 불렸다.

한나라 영제 말기, 조정이 혼란에 빠지고 황건적의 난으로 동한 정권의 권위가 땅에 떨어지면서 천하가 격동의 소용돌이에 휘말렸다. 황건적 일파인 곽태郭太의 백파적白波賊이 산서로 세력을 넓히면서 해현을 공격했다. 백파적은 서하군西河郡 백파곡白波谷에서 봉기해 태원太原과 하동을 휩쓸며 세력이 10만 가까이 늘어났다. 전란이 끊이지 않자 백성들은 삶의 터전을 잃고 굶주림에 허덕였다.

관우가 나고 자란 해현은 아름다운 중조산을 끼고 있지만 시기적으

부여

선비

고구려

유주

서역장사부

병주

북경

기주

양(凉)주

청주

연주

옹주

사례

낙양

예주

서주

장안

남경

형주

양(揚)주

익주

남해군

교주

동한 13주

신이 된 영웅 관우

로 매우 혼란스러운 상황이었다.

|참고자료| 동한 13주

동한은 전국을 옹주雍州, 예주, 연주, 서주, 청주, 양주涼州, 병주幷州, 기주, 유주, 양주揚州, 형주, 익주, 교주交州로 나누어 13주 혹은 13군이라고 불렀다. 수도와 그 주변 지역은 별도로 사례교위부司隷校尉部 혹은 사주司州로 칭했다. 중국은 오래전부터 감찰 구역 명칭으로 주州를 사용해왔다. 동한 초기, 주의 행정 책임자인 자사刺史는 군의 태수보다 직급이 낮지만 군과 그 아래 소속된 현, 지방 호족을 감찰하고 부패 관리를 탄핵하는 역할을 맡았다. 동한 말기 영제 시대에 주를 행정 구역으로 사용하면서 자사를 주목으로 바꾸었다. 조정에서 고위 관리를 주목으로 임명하면서 직급이 태수보다 높아졌다. 주목은 단순히 행정 감찰 역할만 하는 것이 아니라 행정과 군사권 등 지방 정부의 모든 권한을 장악했다. 위나라는 변방 지역, 중요 주와 군에 자사보다 권력이 강한 도독을, 오나라와 촉나라는 자사와 주목을 모두 두었다.

유가 집안에서 태어나다

관우의 자는 운장雲長과 장생長生이고, 태어난 해는 알 수 없다. 전하는 바에 따르면 훗날 유비를 섬긴 범장생范長生이라는 명사가 있었는데, 관우가 젊은 시절에 그의 명성을 듣고 자를 운장으로 바꿨다고 한다. 고대에는 현자를 존중하는 의미로 같은 글자를 쓰지 않았다.

고대 사서에서 역사 인물을 기록할 때 먼저 출신 가문, 조상의 이름과 공적을 소개하는 것이 관례였다. 그런데《삼국지》에 기록된 관우의 소개는 매우 간난하다. 가문과 조상에 대한 언급이 없고 하동 해현 출신이라는 내용뿐이다.

관우는 평생 유비를 따르며 용맹하게 전장을 누비며 눈부신 전공을 세웠다. 일부 역사가들이 관우의 명성이 천하를 뒤흔들었다고 극찬할 만큼 관우의 영향력은 사후에 점점 더 커졌다. 특히 통치자들이 관우 정신에 주목하면서 당송 시대부터 명청 시대에 이르기까지 만백성이 그를 숭배했다. 여기에 유교, 불교, 도교 등 여러 사상과 종교 요소가 결합해 관우의 지위가 더욱 높아졌다. 후작 작위로 시작해 공公, 왕, 제帝까지 격상되면서 관우라는 이름 대신 관공, 관왕關王, 관제關帝, 관성關聖과 같은 호칭이 널리 퍼졌다. 이와 함께 관우는 단순한 역사 영웅에서 만백성을 수호하는 전지전능한 신으로 변모했다.

그러는 사이 출신 배경과 가문을 중시하는 봉건 전통의 영향으로 관우의 출생을 파헤치고 연구하는 사람들도 많았다. 청나라 학자들의 연구 내용 중 관우의 집안 배경에 대한 공통점을 정리하면 대략 다음과 같다.

관용봉^{關龍逢} 관우의 먼 조상. 하^夏나라 관리로 성품이 올곧아 직언으로 간언해 죽었
다.

관심^{關審} 관우의 조부. 자는 문지^{問之}, 호^號는 석반^{石盤}으로 한나라 화제^{和帝} 영원^{永元}
2년(90년)에 태어나 해량 상평^{常平}촌에서 자랐고 학식이 깊었다. 혼탁한 관
리 사회에 섞이고 싶지 않아 세상을 등지고 고결함을 지켰다. 환제^{桓帝} 영수
^{永壽} 3년(157년)에 68세로 세상을 떠났다.

관의^{關毅} 관우의 부친. 자는 도원^{道遠}이고 생몰년은 알 수 없다. 관의는 부친이 죽은
후 무덤 옆에 초막을 짓고 3년 시묘살이를 하고 평생 관직에 나가지 않았
다.

관우 조부의 이름은 《예기^{禮記} · 중용^{中庸}》 중 '박학지, 심문지'^{博學之, 審問之}
(넓게 배우고 자세히 묻는다)에서, 관우 부친의 이름은 《논어^{論語} · 태백^{泰伯}》 중
'사불가불홍의, 임중이도원'^{士不可不弘毅, 任重而道遠}(선비는 책임이 막중하고 갈 길이
머니 도량이 넓고 강인해야 한다)에서 따온 것이 분명하다. 유교적 의미가 담긴
이름을 지은 것으로 보아 기본적으로 유교 사상이 매우 뿌리 깊은 집안이
었을 것이다.

이외에 관우의 젊은 시절에 대한 다양한 자료가 있다. 관우의 자는
운장이고 환제 연희^{延熹} 3년(160년) 6월 22일에 태어났다. 본명은 장생이고,
후에 관우로 개명했다. 본적은 하동군 해현 상평리이다. 젊은 시절 농사
를 지었고 훗날 호씨^{胡氏}와 혼인했다. 영제 광화^{光和} 원년(178년) 5월 13일에
아들 관평이 태어났다. 23살 때 현지 악덕 지주 여웅^{呂熊}을 죽이는 바람에

어쩔 수 없이 고향을 떠났다.

사서에 기록된 관우의 집안 정보는 아주 간략하지만 관씨 가문 족보
는 기나긴 역사 과정을 매우 상세하게 기록했다.

북송北宋 시대 구양수歐陽修의 《신당서新唐書·재상세계표宰相世系表》는 관우
집안 정보를 기록한 최초의 사서로, 관우 집안이 하夏나라 관용봉의
후손이라고 했다. 이 기록은 명확한 관우 가계도의 출발점이며 이후
관우 출생 연구의 기초가 되었다. 구양수는 관우의 후손이 하북河北 기
冀현에 살았고, 당나라 덕종德宗 시대에 재상을 지낸 관파關播도 그의 후
손이라고 했다.

그렇다면 관용봉은 누구일까? 하나라의 대신으로 직언을 해 죽었다
는 기록을 보면 성품이 올곧고 매우 충직한 인물임을 알 수 있다. 하지
만 관용봉은 관우보다 2000년이나 앞서 살았고, 송나라 사람 구양수
입장에서 보면 더 까마득히 먼 옛날 사람이다. 지금으로서는 구양수가
무슨 근거로 이렇게 기록했는지는 확인할 방법이 없다.

청나라 시대에는 많은 학자들이 관씨 족보를 연구했다. 그중 엄가균嚴
可均, 전대흔錢大昕, 장주張澍 등이 동한 시대 응소應劭가 쓴 《풍속통의》風俗
通義를 근거로 관씨 가문이 확실히 하나라 관용봉의 후손이고, 기록으
로 알 수 있는 관씨의 시조가 관령關令 윤희尹喜라고 확인했다. 이 견해

상평촌 관제가묘

산서성 운성 관제묘

는 역사 사실로 받아들여질 만큼 영향력이 컸다. 현재 산서 운성에 보존된 《관씨가보》關氏家譜 필사본, 청나라 건륭乾隆 21년(1756년)에 간행된 《해량관제지》解梁關帝志, 동치同治 8년(1869년)에 인쇄된 목각판본 《관우족보》關羽族譜, 1944년에 대만臺灣에 등장한 《관씨역대세계도》關氏歷代世系圖 필사본 등은 모두 이 견해에 따른 자료이다.

물론 다른 견해도 있었다. 현재 상해上海 도서관이 소장한 절강浙江 항주杭州 관씨, 광동廣東 번우番禺 관씨, 남해南海 관씨, 신회新會 관씨 등 4개 족보와 산동山東 연주 기록보관소가 소장한 1941년에 편찬된 관금표關金標의 《무성부분지관씨종보》武聖府分支關氏宗譜는 관씨가 한수정후 관우의 후손이라는 견해에 매우 조심스러운 입장이다. 이 5개 족보는 관우와 기존 관씨 가문을 애매하게 끼워 맞추거나 아예 관우를 제외하고 송나라 이후 사람만 기록했다. 이들 족보의 편찬자가 관우와 관씨 가문의 관계에 매우 신중했음을 알 수 있다.

이상의 내용을 종합해 보면 관씨 가문 문제는 대략 이렇게 정리할 수 있다.

관씨의 시조는 하나라 충신 관용봉이고, 관우는 27대 후손이다. 관우와 관평이 죽은 후, 그 후손은 신분을 숨기고 타지로 도망가야 했다. 훗날 당나라 덕종 시대에 검교상서우복야檢校尙書右僕射(재상에 해당)를 지내고 정원貞元 13년(797년), 79살에 세상을 떠난 관파가 그 후손이다.

상평촌 관제가묘 석탑

사료 기록에 가문 내용은 없지만 관우 가족에 대한 내용은 비교적 구체적이다. 관우와 관평이 죽은 후, 관평의 아내 조趙씨가 8살 아들 관월關樾을 데리고 안향岸鄕으로 도망가 성을 문鬥으로 바꿨다. 후에 서진西晋이 오나라를 무너뜨리고 삼국을 통일한 후 관월이 다시 관씨 성을 되찾았다. 먼 훗날 청나라 옹정雍正 10년(1732년), 조정이 관씨 후손을 표창해 관우 정신을 널리 알리기 위해 관월의 후손에게 오경박사五經博士를 세습하도록 했다.

청나라 강희 19(1680년)에 세운 〈전장군관장목후조묘비명〉前將軍關壯穆侯祖墓碑銘은 관우의 일생을 상세히 기록한 기념비이다. 현재 산서 운성 상평촌 관제가묘關帝家廟에 보존된 이 기념비 기록에 따르면 관우는 동한 연희 3년(160년) 6월 24일에 태어났다. 그러나 명나라 숭정崇禎 2년(1629년), 석반구石磐溝 관우조영關羽祖塋에 세운 〈사전비기〉祀田碑記와 청나라 건륭 21년(1756년)에 편찬한 《관제지》는 관우가 동한 연희 3년 6월 22일에 태어났다고 기록했다.

관우 가족 관련 자료는 대부분 민간에 전해진 것이기에 청나라 조정이 있는 그대로 받아들이지는 않았을 것이다. 실제로 옹정과 함풍咸豐 황제가 관우 3대에게 작위를 내렸지만 이름 없이 작위만 기록했다. 나름 신중한 태도를 엿볼 수 있는 대목이다.

상평촌 관제가묘는 다른 관묘에 비해 매우 특별하다. 이곳 성조전聖祖殿에 세워진 관우 시조 충간공忠諫公, 증조부 광소공光昭公, 조부 유창공裕昌公, 부친 성충공成忠公 부부의 동상은 다른 관묘에서는 볼 수 없는 것들이다. 또한 이곳의 8각 7층 석탑은 관우의 부모 묘로 알려져 있다. 관묘 남쪽으로 고색창연한 측백나무에 둘러싸인 곳에 비석이 즐비하게 늘어서 있는데, 이곳이 관우의 조상을 모신 장소이다.

| 참고자료 | **관우의 출생과 붉은 얼굴 전설**

관우 출생에 관한 역사 자료가 적다 보니 관우를 신격화하고 경외심이 높아지는 과정에서 출생과 관련된 전설이 점점 많아졌다. 관우의 전설은 하나같이 신기한 상상과 신비로운 이야기 일색인데 용의 환생과 적제赤帝(동양 전통 사상인 오행설의 다섯 신 중 하나. 한나라 고조高祖 유방劉邦의 별칭으로 유명함) 강림이 가장 대표적이다. 이것은 관우가 평범한 인간이 아니라 신적인 존재임을 강조하기 위함이다.

관우의 출생 전설 중 노룡老龍, 선룡仙龍, 해룡海龍, 화룡火龍, 초룡草龍처럼 용과 관련된 내용만도 수십 개가 넘는다. 관우의 고향 해현에 이런 전설이 있다. 환제 시대 해현에 수년간 큰 가뭄이 들어 곡식을 수확하지 못하자 사람들이 모여 기우제를 지냈다. 하늘에서 지켜보던 노룡이 백성들의 고통을 가엾게 여겨 천제天帝의 금지령을 어기고 큰비를 내렸다. 이에 천제가 크게 노해 노룡을 참수했다. 인간 세상에 떨어진 노룡의 머리를 발견한 어느 덕망 높은 스님이 안타까운 마음에 용머리를 항아리에 넣고 9일 동안 불경을 읊조리며 노룡의 넋을 위로했다. 9일 후 용머리가 아기로 변해 어느 평범한 농가에서 태어났다. 이 아기가 바로 관우이다.

고대의 용은 위엄과 신비로움을 겸비한 정의의 신이었다. 상고 시대 토템으로 시작해 오랫동안 중국 전통문화의 대표 자리를 유지해 왔다. 따라서 관우의 출생을 용과 연결하는 것 자체가 관우에 대한 강한 경외심을 보여준다고 할 수 있다.

관공 숭배가 최고조에 달했던 청나라 때는 관우의 이름이나 붉은 얼굴과 관련된 전설이 매우 유행했다. 관우의 이름은 정사 《삼국지》에 명확히 적혀 있지만 훗날 야사에 다른 이름이 등장하기도 했다. 청나라 희곡 《청음소집淸音小集·야간춘추夜看春秋》, 저인획褚人獲의 《견호집》堅瓠集, 양장거粱章鉅의 《귀전쇄기》歸田瑣記 등에 관우의 성이 본래 풍馮이고 이름이 현賢, 자는 수장壽長이라고 나온다. 호탕하고 정의감이 넘치는 풍현은 무예가 뛰어나고 관리나 귀족을 두려워하지 않았다. 같은 마을에 온갖 악행을 일삼으며 사람들을 괴롭히는 악덕 지주가 있었다. 어느 날 풍현이 마을 사람들을 도우려다 악덕 지주를 죽이는 바람에 수배범이 되어 고향을 떠나야 했다. 동관을 지날 때 관병이 바짝 뒤쫓아오자 황급히 물가에서 세수하는 척했다. 간신히 위기를 모면했으나 세수를 한 후로 얼굴이 빨갛게 변해버렸다. 잠시 후 관문을 지날 때 수문병이 이름을 묻자 문을 올려다보며 관關씨라고 대충 둘러댄 후 관씨로 살았다.

탁군으로 도망가다

관우는 왜 고향 하동군 해현이 아닌 탁군涿郡에 나타났을까? 《삼국지》에 '사람을 죽여 탁군으로 도망갔다.'라고 했을 뿐 사람을 죽인 이유 등 상세한 기록은 없다. 관우가 도망간 이유와 과정은 모두 후대에 등장한 이야기이다. 이 중 가장 유명한 것이 여웅 살해 사건이다. 관우의 고향에 온갖 악행을 저지르는 여웅이라는 악덕 지주가 있었다. 어느 날, 여웅이 여자를 농락하자 분노한 관우는 청룡보검靑龍寶劍으로 그를 죽이고 어쩔 수 없이 고향을 떠나야 했다.

관우의 부모는 아들이 마음 편히 도망갈 수 있도록 우물에 몸을 던졌다. 후대 사람들이 관우 부모를 기리기 위해 그들이 투신한 우물 위에 석탑을 세웠다. 오늘날 이곳은 각지에서 오는 참배객의 발길이 일 년 내내 끊이지 않는다.

그 후 관우는 탁군에서 도원결의의 맏형 유비를 만났다. 유비는 탁군 탁현 사람으로, 한나라 경제景帝의 아들인 중산정왕中山靖王 유승劉勝의 후손이었다. 유승은 술과 여색에 빠져 살며 아들만 120명이 넘고 '제후국 왕이면 관리가 해야 할 정무를 처리할 것이 아니라 음악과 여자를 즐겨야 한다.'라며 형인 조왕趙王 유팽조劉彭祖를 나무랐다고 한다. 유승의 아들 유정劉貞이 무제武帝 때 탁현 육성정후陸城亭侯에 봉해졌다가 작위를 잃었지만 그대로 탁현에 정착했다. 200년 후 동한 말기, 유정의 후손이자 유비의 조부 유웅劉雄이 효렴孝廉에 천거되어 동군에 속한 범현范縣 현령을 지냈고,

유비의 부친 유홍劉弘도 관리를 지냈다.

유비는 아버지가 죽고 가세가 기울자 어려서부터 어머니와 돗자리와 짚신을 만들어 팔며 겨우 먹고 살았다. 15살 때 종친 유덕연劉德然, 요서遼西 출신 공손찬公孫瓚과 함께 구강九江 태수를 지낸 노식盧植을 스승으로 모셨다. 키가 7척 5촌인데, 무릎까지 닿는 팔이며 자기 눈에 보일 만큼 길게 늘어진 귓불이며 외모가 아주 독특했다. 포부는 원대했지만 책 읽기를 싫어하고 주색잡기를 좋아했다. 말수가 적고 차분하며 감정을 잘 드러내지 않았다. 호걸과 어울리기 좋아하여 주위에 따르는 젊은이가 꽤 많았다. 주변에 유비가 나중에 반드시 출세할 것이라며 금전적인 지원을 아끼지 않는 부자들도 여럿 있었다. 덕분에 유비를 따르는 무리가 점점 많아졌다.

관우가 탁군에 온 것이 이즈음이었고 얼마 뒤 유비, 장비와 함께 도원결의를 맺고 가장 뛰어난 유비의 조력자가 되었다.

| 참고자료 | **유비가 황숙皇叔이라는 증거는 없다**

《삼국연의》20회에 헌제가 유비를 만나 중산정왕의 후손이라는 말을 듣고 종친 세보世譜를 가져와 유정부터 유비까지 각 대의 계승자 이름을 낭독하게 하는 장면이 있다. 세보의 항렬을 확인해 보니 헌제가 유비보다 한 항렬 아래라 유비가 숙부뻘이었다. 그 후로 유비가 유황숙이라 불렸지만 이는 소설 속 허구일 뿐이다.

《삼국지》는 유비가 한나라 경제의 아들인 중산정왕 유승의 후손이라

신이 된 영웅 관우

하북성 만성 중산정왕 유승의 묘

고 기록했다. 유승의 아들 유정은 무제 원수元狩 6년(기원전 117년)에 탁현 육성정후가 되었다가 얼마 못 가 작위를 잃었지만(반고班固는 《한서》에 유정이 무제 원삭元朔 2년(기원전 127년)에 육성정후가 되고 원정元鼎 5년(기원전 112년)에 파직됐다고 기록함) 탁현에 정착했다. 유비는 환제 연희 4년(161년)에 태어났고 조부가 유웅으로 알려져 있다. 그러나 유정이 살던 서한西漢에서 유웅이 살던 동한 말기까지 200년 동안의 족보 기록 자료가 존재하지 않기 때문에 유웅이 유정의 몇 대손인지 알 길이 없으니 항렬을 따지는 일은 불가능했다. 그래서 사서에도 유비가 중산 정왕의 후손이라고 할 뿐 몇 대손인지는 언급하지 않았다.

이에 비해 헌제의 계보는 확실하다. 동한의 개국 황제 광무제光武帝 유수劉秀가 고조高祖 유방의 9대손이자 경제의 후손이고, 광무제부터 헌제까지의 계보도 명확한 기록으로 남아 있다.

사실 유비도 이 사실을 분명히 인지하고 있었다. 장무章武 원년(221년) 4월, 유비가 황제로 즉위하면서 관례대로 대사면령을 내리고, 연호를 바꾸고, 조정 대신을 임명하고, 종묘를 세워 조상을 모셨다. 이때 유비는 유방 이후 모든 한나라 황제를 모시고 협제祫祭를 지냈다. 협제란 모든 조상에게 한꺼번에 지내는 제사이다. 배송지는 이 상황을 이렇게 설명했다.

선주先主 유비는 경제의 후손이지만 세대 차이가 너무 커서 항렬이 불분명했다. 한나라 사직을 계승한다지만 직계 조상이 누구인지 알 수 없으니 어느 황제를 시조로 모시고 어느 황제를 직계 종묘에 모실지 정할수가 없었다. 당시 많은 대신이 유비를 보좌하고, 따르는 유생도 많았기 때문에 종묘를 세우려면 반드시 예법에 따라야 했지만 안타깝게도 유비 조상의 기록이 없었다.

이렇듯 유비가 헌제의 황숙이라는 어떤 증거도 없다.

신이 된 영웅 관우

2장

도원결의

桃園結義

황숙을 따르다

영제 중평 원년(184년), 황건적의 난이 일어나 순식간에 온 나라를 휩쓸었다. 영제는 각지의 군대를 소집해 반란을 진압하도록 했다. 유비, 관우, 장비 삼형제도 시대 흐름에 따라 군대를 조직했고, 교위 추정鄒靖 군대와 함께 황건적 토벌에 나섰다.

황건적과 별개로 장순張純이 반란을 일으키자 청주 종사從事가 군대를 이끌고 진압하러 가던 중 평원平原에서 유자평劉子平을 만났다. 이때 유자평이 무예가 뛰어나고 용맹한 유비 군대를 추천했고, 유비 삼형제는 청주 종사와 함께 장순의 난을 토벌하러 향했다. 그런데 도중에 뜻하지 않게 황건적을 만나 싸우던 중 유비가 부상을 당했다. 유비는 죽은 척하며 위기를 모면했고, 황건적이 지나간 후 유비의 부하가 수레로 유비를 끌고 가 황건적에게 들키지 않았다. 이 전투의 공을 인정받아 유비는 중산국中山國 안희安喜현의 현위가 됐다.

얼마 뒤 감찰 임무를 맡은 독우가 안희현에 왔다. 조정에서 허위 전공으로 관리가 된 자를 파면한다는 조서를 내렸는데, 유비가 그 대상이라 조서가 제대로 집행되었는지 확인하기 위해 독우를 파견한 것이었다.

유비는 소식을 듣고 서둘러 독우가 머무는 역참으로 찾아갔다. 하지만 독우는 유비가 찾아온 이유를 대략 짐작해 아프다는 핑계로 만나주지 않았다. 화가 난 유비는 직접 처들어갈 생각으로 일단 물러나 수하를 불러 모은 후 다시 역참으로 갔다. 독우를 체포하라는 상부의 비밀 지시를 받았다고 사람들을 속인 후 방에 들어가 독우를 꽁꽁 묶어 교외로 끌고 갔다.

유비는 독우를 나무에 묶고 자신의 현위 인장을 벗어 독우의 목에 건 후 채찍질을 시작했다. 처음에는 독우를 때려죽일 생각이었지만 애걸복걸하는 바람에 결국 풀어줬다. 유비는 이렇게 관직을 던져버렸다.

독우를 채찍질하고 관직을 내던진 유비는 도망자 신세가 됐다. 그 후 힘든 시기를 겪었지만 관우와 장비는 변함없이 유비 곁을 지키며 고난을 함께했다.

| 참고자료 | **독우를 채찍질한 사람은 장비가 아니라 유비이다**

《삼국연의》에서는 장비가 크게 분노해 독우를 채찍질하는 장면을 아주 생생하게 묘사했다. 하지만 실제로 채찍질을 한 사람은 유비이고, 그 이유도 딱히 내세울 거리가 못 된다.

배송지가 《전략》典略을 인용해 주해한 《삼국지·선주전先主傳》에 이런 기록이 있다.

유비가 안희현 현위가 된 지 얼마 지나지 않아 조정에서 허위 전공으로 관리가 된 자를 파면한다는 조서를 내렸는데, 유비도 그 대상에 포함됐다. 유비가 안희현에 도착한 독우를 만나러 역참에 찾아갔는데 병을 핑계로 만나주지 않았다. 유비가 홧김에 수하를 데리고 역참에 쳐들어갔다. 독우를 붙잡아 나무에 묶고 자신의 현위 인장을 독우 목에 건 후 수백 번 채찍질했다. 독우가 애걸복걸하는 바람에 죽이지는 않았다.

하지만 《삼국연의》 2회 '장익덕張翼德 노편독우怒鞭督郵' 편에서 독우를 때린 사람이 장비로 나온다. 독우가 유비에게 허위 전공을 보고했으니 파면될 것이라 위협하며 뇌물을 요구했다. 이에 크게 노한 장비가 술김에 독우를 말뚝에 묶고 버드나무 가지 수십 개가 부러질 때까지 때렸다. 독우가 살려달라고 간청한 후에야 매질을 멈췄다. 이때 관우가 관직을 버리고 떠나자고 제안해 안희현을 떠났다.

생사를 함께하자는 맹세

관우, 유비, 장비는 탁현에서 만나자마자 금방 친해져 형제처럼 돈독하고 깊은 사이가 됐다. 나이가 가장 많은 유비가 첫째, 관우가 둘째, 장비가 막내가 됐다.

동한 말기는 복잡한 이해관계와 끊임없는 암투로 온갖 위험이 도사리는 사회였다. 때문에 단순한 형제애가 아니라 보다 강력한 정치적 결속이 필요했다. 관직 이력에서 유비의 관직이 가장 높고 관우와 장비보다 경험이 많았기 때문에 유비 중심으로 관계가 형성됐다. 세 사람이 함께 자고 먹을 만큼 정이 깊었지만, 언제나 유비가 이끌고 관우와 장비는 따르는 입장이었다. 대외적으로도 유비는 주군, 관우와 장비는 신하였다. 《삼국지·관우전》은 관우와 장비가 유비를 대하는 태도에 대해 '종일 뒤에 서서 지키고 선주를 따르며 힘쓰고 고난과 위험을 피하지 않았다.'라고 묘사했다.

유비, 관우, 장비 세 사람은 평생 군신과 형제 관계를 유지했다. 수십 년 동안 수많은 정치, 군사 투쟁을 치렀지만 이들의 관계는 어떤 위기 앞에서도 흔들리지 않았다. 관우와 장비는 유비를 영원한 큰형님이자 군주로 모셨고, 이 사실은 어떤 상황에서도 변치 않았다. 유비 또한 의형제이자 충성스러운 신하였던 두 사람을 누구보다 신뢰하고 중시했다. 이들의 형제 관계는 군신 관계를 뛰어넘을 때도 있었으니, 유비는 간혹 국가 이익보다 두 형제를 우선시하기도 했다. 특히 관우가 죽은 직후 대신들이 오나라와의 동맹이 중요함을 일깨우며 만류하고 손권이 사신을 보내 화해를 시도했지만 유비는 결국 군대를 일으켜 오나라를 공격했다. 이 전투에서 장비가 죽고 얼마 뒤 유비도 백제성^{白帝城}에서 숨을 거뒀다.

생사를 함께하자는 맹세 이후 평생 돈독한 형제애와 굳건한 군신 관계를 보여준 세 사람의 모습은 《삼국연의》에도 반영됐다. 그중 한날한시에 태어나지 않았지만 한날한시에 죽기로 맹세한 도원결의는 매우 유명한 일화이다. 이 이야기는 역사, 문화적으로 대중에게 큰 영향을 끼치며 고대 사회의 문화 현상 중 하나였던 의형제의 모범 사례가 됐다.

| 참고자료 | 도원결의는 《삼국연의》가 만들어낸 허구

모두에게 익숙한 도원결 이야기는 《삼국연의》 작가가 민간 전설을 각색해 만들어낸 이야기이지, 역사적 사실이 아니다. 세 사람이 서로에게 진심이고 깊이 신뢰한 것은 사실이지만 역사 자료는 소설처럼 감동적이지 않고 도원결의에 대한 언급 자체가 없다.

《삼국지》에 기록된 '세 사람이 한 침상에서 자고 친형제 같았다.'라는 문구가 오랫동안 이들의 돈독한 관계를 보여주는 근거였다.

그러나 사서 기록은 대부분 세 사람의 군신 관계에 대한 내용이다. '관우와 장비가 종일 유비 뒤에 시립^{侍立}했다.'라는 구절에서 '시립'이란 단어 자체가 형제 관계에 어울리지 않는 말이다. '선주를 따르며 힘쓰고 고난과 위험을 피하지 않았다.'라는 표현도 관우와 장비가 신하로서 온몸을 바쳐 충성했음을 보여준다.

《삼국지·관우전》에 관우가 '나는 유 장군의 은혜를 입어 생사를 함께

도원결의 유적

탁주 삼의궁

신이 된 영웅 관우

하기로 맹세했다.'라고 말했다는 기록이 있다. 관우가 유비를 '유 장군'으로 호칭한 것에서 어느 정도 거리감이 있었음을 알 수 있다.

이에 비해 《삼국지》에 기록된 관우와 장비 관계를 보면, 장비가 나이가 많은 관우를 형처럼 대했다는 내용이 많다. 관우가 죽은 후, 위나라 시중 유엽劉曄이 '유비와 관우는 군신의 의리뿐 아니라 부자처럼 깊은 은혜를 나눈 사이'라고 했는데, 여기에서 유엽은 형제가 아니라 부자라고 표현했다.

이상을 종합해 보면 유비, 관우, 장비 세 사람은 형제보다 군신 관계에 더 가까웠다. 다시 말해 소설은 도원결의로 이들의 형제애를 크게 포장했지만 실제로는 형제애가 그리 깊지 않았을 수도 있다.

도원결의 일화는 아주 오래전부터 민간에 유행해 여러 가지 기록을 찾아볼 수 있다. 그중 원나라 초기, 관리 학경郝經이 순천順天에서 관묘 중건을 감독할 때 〈중건묘기〉重建廟記라는 기록을 남겼다. 여기에 '왕(관우), 거기장군 비(장비), 소열 황제(유비)가 의형제를 맺고 생사를 맹세했다.'라는 내용이 있다. 원나라 잡극雜劇 〈유관장도원삼결의〉劉關張桃園三結義, 화본소설 《삼국지평화》三國志平話에도 도원결의 이야기가 나온다. 그리고 명나라 때 상세한 묘사와 극적인 요소가 더해진 '도원결의' 일화의 결정판 《삼국연의》가 등장했다.

이쯤에서 여전히 논란의 중심인 유비, 관우, 장비 세 사람의 나이 문제를 살펴보자. 《삼국지》 등 정사에 명확하게 나이가 기록된 사람은 유비뿐이다. 유비는 동한 환제 연희 4년(161년)에 태어나 장무 3년(223

년), 63살 되던 해에 죽었다. 관우와 장비 나이는 '관우가 몇 살 많아 장비가 형님으로 대했다.'라는 애매한 기록뿐이다. 관우와 장비는 태어난 해를 알 수 없고 죽은 해 기록만 있기 때문에 정확한 나이는 알 수 없다.

그럼에도 불구하고 지금까지 관우와 장비의 나이를 밝히기 위해 각고의 노력을 기울인 사람이 수없이 많았다. 원나라 학자 호기胡琦는 오랜 고증을 거쳐 관우가 연희 2년(159년)에 태어나 유비보다 2살 많다고 주장했다. 청나라의 어느 학자는 관우가 연희 3년(160년)에 태어나 유비보다 한 살 많다고 했다. 훗날 관우 연대 기록을 근거로 장비가 유비보다 4살 적었다는 견해가 많았다. 이처럼 다양한 견해가 있지만 고증 대상과 고증 당사자의 생존 시대 차이가 너무 크기 때문에 근거나 신뢰도가 매우 약하다.

동락 토벌

중평 6년(189년), 대장군 하진이 군대를 모집하기 위해 도위 관구의毌丘毅를 단양丹楊에 파견했다. 유비가 관구의와 동행했는데 하비下邳성에서 황건적을 만났다. 유비는 이 전투에서 공을 세워 하밀下密 현승縣丞이 됐지만 금방 사직했다. 얼마 뒤 고당高唐 현위가 되고 다시 현령縣令으로 승진했다.

이때 낙양이 동탁의 난으로 쑥대밭이 되자 제후들이 동탁을 몰아내기 위해 군대를 일으켰고 유비도 반동탁 연합군에 합류했다. 그러나 세력이 크지 않아 단독으로 군대를 구성하지 못하고 다른 군대에 속해야 했다. 이 때문에 관우는 유비를 따르면서도 뜻하지 않은 역사의 소용돌이에 휘말릴 수밖에 없었다.

| 참고자료 | 관우와 초선의 전설

중국의 4대 미녀로 손꼽히는 인물은 서시西施, 왕소군王昭君, 초선貂蟬, 양귀비杨贵妃다. 이 중 유일하게 역사 기록을 찾을 수 없는 인물이 초선이다. 즉 초선은 《삼국연의》가 만들어낸 가상 인물이지만 실존 인물과 어깨를 나란히 할 만큼 문학적으로 매우 성공한 캐릭터인 셈이다.

초선 이야기는 원나라 화본소설 《삼국지평화》에 처음 등장했다. 그 후 《초선녀》貂蟬女(현재 일부만 전함), 《동탁희초선》董卓戲貂蟬(유실), 《탈극》奪戟(유실), 《금운당미녀연환계》錦雲堂美女連環計, 《관운장단도벽사구》關雲長單刀劈四寇 등 희곡, 잡극 〈관대왕월야참초선〉關大王月夜斬貂蟬(유실), 소설 《삼국연의》, 탄사彈詞(현악기 반주에 노래하며 이야기하는 민간 예술) 〈삼국지옥새전〉三國志玉璽傳과 〈삼국지대전〉三國志大全, 전기傳奇 〈연환계〉連環計 등에서 찾아볼 수 있다. 초선에 대한 묘사와 이야기는 시간이 흐를수록 점점 구체적이고 생생하게 그려졌다.

《삼국지평화》의 초선은 원래 여포의 아내 임任씨이고, 초선은 아명兒名

이다. 전란 중에 가족과 헤어져 왕윤王允의 집에 머물게 됐다. 어느 날 밤, 향을 피우고 남편을 만나게 해 달라 빌다가 왕윤에게 들켰다. 왕윤은 초선이 여포의 아내임을 알고 여포를 이용해 동탁을 제거할 계략을 세웠다. 여포는 동탁을 죽인 후 초선을 데리고 서주의 유비에게 투항해 소패小沛에 주둔했다. 그러나 군사를 돌보지 않고 허구한 날 초선을 끼고 유흥에 빠져 지냈다. 얼마 뒤 조조가 서주를 공격해 여포가 죽고 초선은 행방이 묘연해졌다.

《탈극》이야기는 여기에서 한 단계 더 발전했다. 명나라 때《원산당곡품》遠山堂曲品의 저자 기표가祁彪佳는 〈연환계〉수록 부분에서 이렇게 적었다.

원나라《탈극》에 등장하는 초선은 아명이 홍창紅氅이고, 원래 여포의 아내였다. 전란으로 가족과 헤어져 입궁한 후 초선관貂蟬冠을 관리해 초선이라 불렸다. 후에 왕윤의 양녀가 되지만 연환계와는 상관없었다.

《금운당미녀연환계》에서도 초선이 구체적으로 자신을 소개하는 대목이 나온다.

사실 저는 이곳 사람이 아니라 흔주忻州 목이木耳 임앙任昂의 딸이고, 아명이 홍창입니다. 영제 황제 때 궁녀가 되었고, 초선관을 관리해 초선이라 불렸습니다. 황제께서 저를 정건양丁建陽에게 하사하고 정건양이 다시 양자가 된 여포에게 보내 그의 아내가 되었습니다. 황건적의 난으로 혼란스럽던 중 남편과 헤어져 갈 곳을 잃었습니다. 다행히 아버님 댁에 머물며 친딸처럼 대해 주시니…… (중략) 어제 할머니와 거리를 구경하러 나갔다가 힘차게 달려오는 적토마를 봤는데, 말을 탄 사람이 바로 남편이었습니다. 그래서 향을 피우고 다시 남편을 만날 수 있게 해 달라고 빌고 있었습니다.

《관운장단도벽사구》에 수록된 내용도 이것과 비슷하다.

초선 이야기는 결말도 각양각색인데, 대표적인 네 가지를 소개한다.

첫 번째는 묘연한 행방이다.《삼국지평화》,《삼국연의》는 여포가 죽은 후 초선의 행방을 알 수 없다고 기록했다.

두 번째는 살해 결말이다. 잡극《관대왕월야참초선》은 제목에서 이미 비극적인 결말을 알 수 있다. 명나라 때 편찬된《풍월금낭》風月錦囊에 수록된 〈삼국지대전〉에서 초선은 관우의 칼에 베이며 최후를 맞이한다. 처음에 초선을 잡은 사람은 장비였으나 바로 관우에게 넘겼다. 초선이 어떻게든 환심을 사려고 노력했지만 관우의 마음은 전혀 움직이지 않았다. 어느 날 관우가《춘추》를 읽은 후 초선이 여포를 음해하고 지조가 없다며 칼을 뽑아 초선을 벴다.《삼국지옥새전》에서 관우가 초선을 붙잡은 후 천하의 호걸이 누구냐고 물었을 때 초선이 남편 여포를 비난하고 관우와 장비를 찬양하는 장면이 있다. 관우가 이 말을 듣고 배은망덕하다고 꾸짖으며 초선을 벴다.

세 번째는 여포와 재회한 행복한 결말이다. 《금운당미녀연환계》에 여포가 동탁을 죽인 후 왕에 봉해지고 소식을 듣고 왕윤의 집으로 돌아온 초선과 재회해 행복하게 살았다고 나온다. 초선의 미인계는 역사에 길이 남을 업적이 됐고 두 사람은 부귀영화를 누렸다.

네 번째는 신선이 된다는 결말이다. 명나라 잡극 《여호걸》女豪傑의 초선은 살해된 후 도를 터득하여 신선이 됐다.

적토마

중국 삼국 시대 최고의 명마로 손꼽히는 적토마는 관우와 생사를 함께하며 천하의 전장을 누볐다. 관우가 뛰어난 전공을 세운 데는 적토마의 공도 적지 않았다.

사실 이 적토마의 원래 주인은 관우가 아니라 여포였다. 여포가 원소와 상산常山에서 장연張燕을 습격한 적이 있었다. 장연의 군대가 전투마 천필에 병사 만 명 규모였지만 여포가 적토마를 타고 적진에 뛰어들어 활약한 덕분에 대승을 거뒀다. 이때 '사람 중에는 여포가 으뜸이고, 말 중에 적토마가 으뜸이다.'라는 명언이 탄생했다. 위엄과 용맹을 갖춘 장수 여포는 최고의 인재이고, 적토마는 최고의 명마라는 뜻이다. 뛰어난 장수와 훌륭한 말이 만나 최고의 성과를 올린 것이다.

형주 관우 사당의 적토마

　《삼국연의》 중에 동탁이 여포를 회유하기 위해 서량西凉의 명마 적토
마를 선물하는 장면이 있다. 이후 적토마는 여포와 함께 명성을 떨쳤다.
후에 여포가 백문루白門樓에서 죽은 후 적토마는 조조 손에 들어갔다. 관
우가 잠시 조조 수하에 있을 때 조조가 관우의 환심을 얻기 위해 적토마
를 선물했다. 관우는 한시라도 빨리 유비에게 돌아가기 위해 다른 선물과
달리 적토마는 사양하지 않았다. 이때부터 적토마는 관우와 함께 천하를
누볐다. 관우가 맥성麥城으로 퇴각하고 오나라 장수에게 참수된 후 적토마
는 마충 손에 넘어갔다. 주인을 잃고 슬픔에 빠진 적토마는 먹이를 거부
하다가 죽었다.

|참고자료| 적토마의 유래

《삼국지·여포전》은 적토마에 대해 '여포에게는 적토라는 좋은 말이 있었다. 적토마는 머리 모양이 토끼처럼 생기고 털이 붉었다. 온몸이 불덩이처럼 붉고 잡털이 하나도 없었다. 몸통 길이는 1장, 키는 8척이다. 크게 울부짖으면 천지가 진동했다.'라고 묘사했다.

적토마의 원산지는 대완大宛이다. 《삼국지》에 '흉노匈奴 서남부에 면한 대완은 한나라에서 서쪽으로 만 리 떨어진 곳이다. 이곳 사람들은 토지에 정착해 농사를 주업으로 삼았다. 포도주와 좋은 말이 많이 났다. 피처럼 붉은 땀을 흘리는 이곳의 말은 천마天馬, 즉 옥황상제가 하늘에서 타는 말의 후손이다.'라는 내용이 있다. 적토마는 핏빛 땀을 흘리는 전설의 한혈마汗血馬이고, 그 한혈마 중에서도 으뜸이었다.

한혈마와 관련된 역사 기록과 전설은 대부분 신비로운 내용이다. 체력과 지구력이 실로 어마어마해 하루에 천 리를 달릴 수 있다고 한다.

일찍이 한나라 무제는 한혈마를 손에 넣으려고 두 번이나 원정길에 나섰다. 기원전 104년, 이광리李廣利가 무제의 명으로 기병 수만 명을 이끌고 8천 리를 행군해 대완 변경 욱성郁城에서 전투를 치렀으나 대패했다. 대완을 함락하기는커녕 2천밖에 남지 않은 병사를 이끌고 돈황敦煌으로 퇴각했다. 3년 후, 이광리가 다시 무제의 명에 따라 기병 6만 명, 말 3만 필, 소 10만 마리에 말 전문가 두 사람을 데리고 원정길에 올랐다. 이때 대완은 정변이 일어나 어지러운 상황이라 순순히 강화를 맺기로 했다. 일단 한나라가 원하는 말을 직접 고르게 하고 이외에도 앞으로 해마다 좋은 말을 두 필씩 한나라에 보내기로 했다. 한나라 군대는 최상품 말 수십 필, 보통 말 3천 필을 받았지만 먼 길을 지나 옥문관玉門關에 도착했을 때는 천 필밖에 남지 않았다.

오늘날 세계적으로 공인된 한혈마 원산지는 중앙아시아 투르크메니스탄이다. 현재 한혈마는 세계에 약 3천 필이 있는데, 그중 2천 필이 투르크메니스탄에 있다. 투르크메니스탄에서 한혈마는 국보나 다름없기에 국가 상징인 국장國章과 화폐 등에서 볼 수 있다.

3장

세상에 두각을 나타내다

따뜻한 술로 위력을 과시하다

각지 제후들이 반동탁 군대를 일으켰을 때 동탁도 쉽게 물러서지 않고 강하게 맞섰다. 그러다가 초평 원년(190년) 2월, 동탁이 낙양 주변 능묘의 재물을 도굴하고 황궁을 불태운 뒤 헌제를 데리고 장안으로 도망쳤다.

《삼국연의》는 동탁 토벌 과정 중 관우의 '온주참화웅'溫酒斬華雄(술이 식기 전에 화웅을 베다) 일화를 크게 부각시켰다. 유비 삼형제가 공손찬과 함께 동탁 군대와 맞붙었을 때 동탁 쪽에는 그 이름만으로 상대를 공포에 떨게 하는 용맹한 장수 화웅華雄이 있었다.

화웅은 제북상濟北相 포신鮑信의 동생 포충鮑忠을 죽이고 손견 군대를 대파했다. 계속해서 사수관에서 남양南陽 태수 원술袁術의 수하 유섭兪涉, 기주자사刺史 한복韓馥의 수하 반봉潘鳳을 줄줄이 죽이며 위세를 떨쳤다. 반동탁 연합군에 참여한 군벌들은 연이은 패배에 크게 위축됐다.

당시 일개 현령인 유비의 마궁수馬弓手에 불과한 관우가 본인이 싸우겠다고 나섰다. 목소리가 우렁차고 위풍당당한 구척장신이었지만 원소는 관우의 직책을 듣고 미덥지 않은 반응을 보였다. 관우가 화웅을 이기지 못하면 목숨을 내놓겠다고 말하고 관우의 비범함을 알아본 조조가 술을 데워 권했다. 이에 관우는 이기고 돌아와 마시겠다며 말에 뛰어올랐다. 사수관 밖에서 울리는 북소리가 천지를 뒤흔들었다. 잠시 후 관우가 화웅의 수급을 가지고 돌아왔을 때 술이 아직 따뜻했다.

이것은 《삼국연의》에 등장하는 관우의 첫 전투이자 삼국 시대 일화 중 손꼽히는 명장면으로 관우의 위엄과 용맹을 유감없이 드러냈다. 하지만 《삼국연의》 이야기는 사실과 크게 다르다.

역사상 반동탁 연합군 맹주인 원소는 군사 배치를 명하거나 직접 동탁과 맞붙은 적이 없었다. 군벌들은 저마다 본인 세력을 키울 궁리만 하고 적극적으로 공격에 나서려 하지 않았다.

조조가 주저하는 연합군에게 강력히 호소했다. 하지만 아무도 호응하지 않아 결국 홀로 군대를 끌고 나갔다. 형양滎陽 서남쪽 변수汴水에서 동탁의 장수 서영徐榮과 맞붙어 크게 패한 조조는 화살에 맞아 부상을 입고 조홍曹洪이 양보한 말을 타고 다급하게 산조酸棗로 도망쳤다.

장사長沙 태수 손견도 직접 용감하게 동탁과 맞섰던 군벌이다. 수만 군대를 이끌고 남양에 도착한 손견은 남양 태수 장자張咨가 군량 공급을 거부하자 목을 베어버렸다. 그리고 바로 노양魯陽으로 달려가 원술과 손을 잡았다. 원술이 손견을 파로장군破虜將軍에 봉하고, 예주 자사에 임명하도록 조정에 요청했다.

손견은 노양을 거점으로 삼고 동탁 토벌 전투에 나섰다. 양현梁縣 동쪽에서 조조를 물리친 서영을 만나 접전을 벌였으나 결국 패했다. 이후 군대를 정비해 다시 양현 서쪽 양인취陽人聚로 이동했다.

동탁은 손견을 막기 위해 호진胡軫이 이끄는 기병 5천 군대와 기독騎督 여포를 양인취로 보냈다. 그러나 호진과 여포는 원래 사이가 좋지 않아 불협화음이 이어졌다. 손견이 이 기회를 정확히 포착해 적군을 대파하고 호진의 수하 화웅의 목을 벴다.

동탁 토벌에 앞장섰던 조조의 용맹은 충분히 칭찬할 만하다. 그러나 그 결과는 참담했다. 결과적으로 동탁을 상대로 승리를 거둔 영웅은 손견뿐이었고, 나머지 군벌들은 몸을 사리며 강 건너 불 보듯 구경만 했다.

《삼국연의》는 역사 사실을 크게 왜곡했다. 특히 유일한 승자였던 손견을 패장으로, 하급 병사에 불과했던 관우를 위대한 영웅으로 만들었다.

| 참고자료 | 《삼국연의》의 허와 실

명작 역사소설《삼국연의》에 역사 사실과 소설적 허구가 뒤섞여 있다는 것은 이미 널리 알려진 사실이다.《삼국연의》의 허와 실을 논하려면 여기에 등장하는 이야기가 어떻게 변해 왔는지 살펴볼 필요가 있다.

《삼국연의》가 삼국 역사를 기반으로 창작된 만큼 지금까지 수많은 역사가들이 역사 진실 문제를 제기하고 연구해 왔다.

삼국 역사를 처음으로 기록한 진수의《삼국지》와 상세한 설명을 곁들인 배송지의《삼국지주해본》에 등장하는 생동감 넘치는 수많은 에피소드가 훗날《삼국연의》의 예술성을 극대화하는 훌륭한 소재가 되었다. 배송지와 동시대 사람인 범엽范曄이 쓴《후한서》, 북송의 사마광司馬光이 쓴《자치통감》, 남송의 주희朱熹가 쓴《통감강목》通鑑綱目에도 삼국 역사를 보완해줄 자료가 많이 전해져 관련 이야기가 더욱 풍성해졌을 것이다. 이런 사료를 바탕으로 시작된 삼국 시대 이야기는 수백 년 동안 전해오면서 끊임없이 변해오다가《삼국연의》형태로 완성됐다.

중국 삼국 시대는 복잡한 요인이 뒤얽힌 놀라운 사건이 끊이지 않고 그 과정에서 수많은 영웅이 탄생했다. 이들의 이야기는 삼국 통일 직후부터 다양한 형태로 민간에 널리 퍼졌고, 수나라 때는 민간 공연 예술 형태로 등장하기 시작했다.《대업습유기》大業拾遺記 기록에 따르면, 양제가 관람한 잡극 중에 초수譙水에서 교룡을 무찌르는 조조, 말을 타고 단계檀溪를 뛰어넘은 유비가 등장했다고 한다.

당나라 때 장비, 등애鄧艾, 제갈량, 사마의 등 여러 삼국 시대 인물의 이야기가 민간에 유행하고 송나라 설화說話 중에는 전문적으로 삼국 시대 이야기만 하는 설삼분說三分(천하삼분을 이야기하다)이라는 분야가 따로 있었다. 대표적인 설삼분 전문 이야기꾼 곽사구霍四究에 대한 기록을《동경몽화록》東京夢華錄에서 찾아볼 수 있다. 북송 시인 소식蘇軾이 쓴《동파지림》東坡志林에 이런 기록이 있다.

한 장난꾸러기 아이가 매일 집에서 말썽을 부리자 그 부모가 친구들과 옛날 이야기를 들으러 가라고 돈을 쥐어 내보냈다. 아이들은 유비가 패한 이야기를 들을 때 화를 내고 어떤 아이는 슬퍼하며 울기도 했다. 반면 조조가 패하면 하나같이 기뻐 어쩔 줄 몰라 했다.

이를 통해 삼국 이야기가 송나라 민간에 널리 퍼졌음을 알 수 있다. 하지만 안타깝게도 송나라 설화 화본(설화 공연에서 사용하는 대본)은 유실되어 전하지 않는다.

현존하는 초기 삼국 시대 설화 화본은 《삼분사략》三分事略과 원나라 지치至治 연간(1321~1323년)에 건안 우씨虞氏가 간행한 《삼국지평화》가 대표적이다. 이 두 화본은 내용이 거의 비슷하다. 구성 면에서 볼 때 촉나라를 중심으로 이야기를 전개한 점, 기본 줄거리는 사서에 따르고 구체적인 일화와 묘사에서 다양한 민간 전설을 활용한 부분 등 《삼국연의》의 큰 틀이 이때 이미 완성됐음을 알 수 있다. 스케일이 크고 이야기가 흥미롭지만 서사 흐름이 단순하고 묘사와 표현이 서툴렀다.

송나라, 금金나라, 원나라를 거치는 동안 《관대왕독부단도회》關大王獨赴單刀會, 《삼전여포》三戰呂布, 《격강투지》隔江鬪智와 같은 삼국 역사를 소재로 한 공연 예술이 많이 등장했다. 그리고 명나라 때, 드디어 나관중羅貫中이 역사 자료와 민간 전설을 바탕으로 창작한 《삼국연의》가 등장했다.

나관중은 《삼국지》와 《삼국지주해본》 기록을 중심으로 이야기를 전개

했다. 때문에 주요 역사 사건의 기본 정보는 대부분 사실이다. 예를 들어 헌제, 조조, 손권, 유비, 제갈량, 관우, 장비 등 실존 인물의 정보와 황건적의 난, 동탁의 난, 관도官渡 대전, 적벽赤壁 대전, 삼국 통일 등 주요 역사 사건이 발생한 구체적인 시간과 장소가 사료 기록과 일치한다. 이러한 역사 기본 바탕에 화본, 희곡, 민간 전설을 대거 차용해 세부적인 부분을 허구화했다.

《삼국연의》에서 허구화한 이야기 중 일부는 전혀 근거 없는 상상이다. 유비 삼형제가 여포와 싸운 이야기, 관우가 조조에게 세 가지 조건을 제시하는 내용, 관우가 다섯 관문을 통과하며 여섯 장수를 죽인 이야기, 유비와 조조의 장판파長坂坡 전투, 제갈량과 오나라 모사들의 설전, 제갈량의 동풍東風, 제갈량이 주유를 세 번 화나게 한 이야기, 관우가 화용도華容道에서 조조를 놓아준 이야기는 모두 허구이다.

그리고 역사 사실을 일부 각색한 것도 많다. 예를 들면 장비가 분노해 독우를 채찍질한 이야기, 관우가 데운 술이 식기 전에 화웅의 목을 베고 돌아온 이야기, 관우가 문추를 죽인 이야기, 제갈량이 박망파博望坡를 불태운 이야기, 제갈량이 적의 화살을 거둬들인 이야기, 관우가 홀로 적의 연회에 응한 이야기, 제갈량이 공성계로 사마의를 물리친 이야기 등이다.

이외에 역사 사실에 허구를 더한 이야기도 있다. 18로 제후의 동탁 토벌전, 화타가 관우의 뼈를 깎아 독을 제거한 이야기, 제갈량이 기산祁山을 통해 여섯 차례 위나라 정벌에 나선 이야기, 제갈량이 맹획孟獲을 일

곱 번 사로잡은 이야기 등이다.

또한 나관중은 중간중간 주관적인 인물 평가를 추가했다. 예를 들어 조조를 간절奸絶(간사함의 지존), 관우를 의절義絶(의리의 지존), 제갈량을 지절智絶(지혜의 지존)이라 칭하고, 유비를 어진 임금으로 묘사했다.

《삼국연의》는 이처럼 다양한 허구화를 통해 인물을 입체화하고, 공감대를 높이고 문학 예술성을 극대화함으로써 중국 고대 역사소설의 정점을 찍었다는 평가를 받는다.

이전에는 '《삼국연의》는 7할이 사실이고 3할이 허구다.'라고 평가했지만 현대 학자들의 견해는 다르다. 일부 학자들은 컴퓨터 비교 분석을 통해《삼국연의》의 사실과 허구가 반반이라고 말하기도 한다.

《삼국연의》의 허와 실 문제는 이야기 유래와 저자의 치밀한 구성을 살펴보면 그 의미를 잘 알 수 있다. 허, 즉 저자가 창작한 허구는《삼국연의》의 예술성과 공감력을 극대화시키는 중요한 요소이다. 이 '허'가 역사적 사실 '실'과 완벽한 조화를 이뤄 중국 고대 명작 역사소설《삼국연의》가 탄생한 것이다.

세 영웅의 활약

관우가 사수관에서 화웅을 죽인 후, 동탁이 직접 나서 여포와 함께

20만 병력을 호뢰관에 주둔시키고 반동탁 연합군과 맞섰다. 원소의 명령으로 싸우러 나선 제후들은 모두 무적 여포에게 속수무책으로 패했다.

공손찬마저 수세에 몰려 목숨이 위태롭던 순간에 장비가 나서서 장 팔사모호八蛇矛를 휘두르며 여포를 공격했다. 장비와 여포가 50합을 싸웠지만 승부가 나지 않자 관우가 달려나가 장비와 협공했다. 다시 30합을 겨뤘지만 여포를 물리치지 못했다. 이에 유비가 쌍고검雙股劍을 들고 합세해 세 사람이 여포를 포위하고 돌아가며 맹공을 퍼부었다.

이 광경을 목격한 연합군 제후들은 눈이 휘둥그레지고 입을 쩍 벌린 채 삼형제의 활약에 감탄을 금치 못했다. 여포는 버티다 못해 말을 돌려 물러섰다. 그제야 제후들이 기세를 몰아 총공세를 펼쳤고 드디어 동탁 군대를 격파했다.

이 내용은 많은 사람에게 알려진 삼영전여포三英戰呂布(여포와 싸운 세 영웅) 이야기이다. 이렇게 참패한 동탁은 결국 낙양을 포기하고 장안으로 물러났다.

사실 이 이야기의 출처가 《삼국연의》이다. 다시 말해, 반동탁 전투에 참가했던 유비 삼형제의 용맹과 활약상을 부각시키려 저자가 꾸며낸 이야기이다. 이 이야기는 허구임에도 불구하고 후대에 막대한 영향을 끼쳤다. 유명 경극 〈감로사〉甘露寺에서 교국로喬國老가 호뢰관에서 여포와 싸운 일을 노래하며 장비를 극찬하는 장면이 대표적인 사례이다.

호뢰관 비석

| 참고자료 | 《삼국연의》의 사수관과 호뢰관 일화의 오류

사수관과 호뢰관은 오늘날 하남성 형양현 서북쪽 사수진汜水鎭에 해당하는데, 사실 동일한 지역이다. 호뢰관은 춘추 시대에 진나라가 호뢰지역에 세운 관문인데, 수나라 이후 사수관으로 불렀다. 수나라 때 성고成皋현 명칭을 사수현으로 바꾸면서 호뢰관도 자연스럽게 사수관이됐다. 정리하면, 동일한 장소가 수나라를 기점으로 그 전에는 호뢰관, 그 후에는 사수관이라고 불린 것이다.

그런데 《삼국연의》는 한나라 시대에 없었던 사수관 명칭을 사용했고, 심지어 사수관과 호뢰관을 각기 다른 지역으로 묘사했다. 사실 여기

유비 삼형제와 여포의 대결이 펼쳐진 호뢰관 전투 지도

에는 저자의 특별한 의도가 엿보인다. 역사적으로 손견이 반동탁 전투에서 전공을 세웠지만 《삼국연의》는 패했다고 서술했다. 그리고 관우의 '술이 식기 전에 화웅을 베다' 일화를 끌어내기 위해 손견의 패배를 크게 부각시켰다. 한마디로 손견의 공을 관우에게 넘긴 것이다. 여기에 호뢰관의 '여포와 싸운 세 영웅' 일화를 이어 붙여 유비, 관우, 장비의 활약을 더욱 빛나게 만들었다. 유비 삼형제가 연이어 공을 세운 덕분에 동탁이 낙양을 포기하고 장안으로 도망갔다고 강조하기 위함이었다.

하지만 역사 기록에 따르면, 반동탁 전투가 시작되기 전인 190년 봄에 이미 동탁이 천도를 결정하고 강압적으로 헌제를 장안에 보냈다. 동탁은 낙양에 남아 있었지만 대략 1년 후, 손견의 공격을 버티지 못해 장

신이 된 영웅 관우

오늘날의 호뢰관 유적지의 모습

호뢰관 관묘 관공상

안으로 철수했다. 다시 말해, 동탁의 장안 천도는 유비 삼형제와 전혀 상관없는 일이었다.

그러나 《삼국연의》에서 지어낸 '여포와 싸운 세 영웅' 이야기는 저자의 의도와 전혀 다른 결과를 낳았다. 호뢰관 전투에서 합심해 적을 물리치려는 유비 삼형제의 용맹함을 보여주려 했으나 결과적으로 사람들은 혼자서 셋을 상대한 여포에게 찬사를 보내고 영웅으로 받들었다. 유비, 관우, 장비는 모두 무예가 뛰어나고 용맹했지만 셋이서 여포 하나를 쓰러트리지 못했다. 반면 방천화극方天畫戟을 휘두르며 세 사람을 상대한 여포는 놀라운 기개와 무예를 뽐내며 천하제일 영웅의 면모를 유감없이 발휘했다. 결국 수적인 열세를 이기지 못했지만 대장군의 위엄을 충분히 보여줬다. 아마도 《삼국연의》 저자는 이런 결과를 예상하지 못했을 것이다.

별부사마別部司馬

반동탁 연합군은 별다른 성과를 올리지 못하자 제각각 찢어져 세력 다툼을 벌였다. 유비가 고당 현령에 부임한 지 얼마 되지 않아 황건적의 공격을 받았다. 초평 원년(190년), 유비는 달리 방법이 없어 관우, 장비와 함께 중랑장中郎將 공손찬 수하로 들어갔다. 이때 공손찬이 유비를 조정에 천거해 별부사마로 삼았다.

초평 2~4년(191~193년), 기주목冀州牧 원소와 공손찬이 수차례 전투를 벌였다. 유비는 공손찬의 명으로 청주 자사 전해田楷와 함께 원소 군대에 맞섰다. 이 전투에서 많은 공을 세운 덕분에 관우와 장비는 별부사마가 되고, 유비는 평원상平原相으로 승진해 개별 군대를 지휘하게 되었다. 드디어 유비 삼형제에게 군사력이 생긴 것이다.

유비가 별부사마에서 평원상으로 승진하면서 관우와 장비가 별부사마가 됐다. 그렇다면 별부사마는 어떤 관직일까?《후한서·백관지百官志》에 사마주병司馬主兵이라는 설명이 있다. 사마가 군대를 지휘하는 관직이라는 뜻이다. 그 뒤에 조금 더 상세한 설명이 있다.

사마가 지휘하는 군대에 부部와 곡曲이라는 단위가 있다. 대장군 수하에 5부를 두고, 부마다 녹봉 2천 섬에 해당하는 교위와 녹봉 천 섬에 해당하는 사마를 임명했다. 부 아래 단위가 곡이다. 곡마다 녹봉 6백 섬에 해당하는 후侯를 두었다. 곡 아래 단위는 둔屯이고, 녹봉 2백 섬에 해당하는 둔장屯長을 두었다. 부 단위에 교위 없이 사마만 두기도 했다. 군가사마軍假司馬와 가후假侯는 사마와 후를 보좌하는 관직이다. 이외에 별부사마가 지휘하는 군대는 필요에 따라 병력 규모를 증감한다.

이 기록으로 보면 별부사마는 기존 관직 편제에 포함되지 않고 전시에만 활용하는 임시직이다. 아마도 유비가 평원상으로 승진하면서 그 수하 장수에게도 관직을 줘야 했고, 별부사마가 안성맞춤이었을 것이다. 앞서 유비가 별부사마 자격으로 청주 자사 전해와 함께 원소 군대를 막아낸 사례에서 보듯 당시 별부사마 군대가 매우 탄력적으로 운용됐음을 알 수 있다.

서주에 기반을 잡다

들불처럼 일어났던 황건적의 난은 오래지 않아 진압됐지만 각지로 흩어진 잔당의 저항이 한동안 기승을 부렸다.

유비가 평원상에 부임한 후 황건적 잔당 관해管亥가 북해국北海國을 습격했다. 북해상北海相 공융孔融이 다급하게 도창都昌으로 도망치자 관해가 도창을 포위하고 압박했다. 위기에 처한 공융이 태사자太史慈를 보내 유비에게 도움을 청했다. 유비는 공융이 자신의 존재를 알아줬다는 사실에 감동해 당장 지원군 3천을 파견했고, 관해는 제대로 싸워보지도 않고 물러났다.

홍평興平 원년(194년), 원소가 공손찬을 공격하자 공손찬 수하에 있던 유비는 전해와 함께 동쪽으로 퇴각했다. 이즈음 조조가 아버지 조숭曹嵩의 복수를 빌미로 서주의 도겸陶謙을 공격했다. 그해 봄, 피난을 가던 조숭 가족이 서주 지역에서 몰살당하는 사건이 일어났기 때문이다.

누가 조숭을 죽였는지는 사서마다 견해가 다르다. 하지만, 조조는 도겸의 짓이라고 단정했다. 그래서 대규모 군대를 동원해 봄, 여름 두 차례 맹렬한 공격을 퍼부었다. 당시 조조는 도겸의 군대뿐 아니라 무고한 서주 백성을 수없이 죽였다.

조조의 맹공으로 수세에 몰린 도겸이 다급히 전해에게 도움을 청하자 전해와 유비가 함께 지원에 나섰다. 당시 유비의 병력은 기존 병사 천 명 외에 유주 변경에서 귀순한 흉노 기병 등이 있었다. 그리고 도겸을 지원하러 가는 길에 만난 굶주린 이재민 수천 명을 군대에 편입시켜 병력을 보강했다. 서주에 도착한 후, 도겸이 군대 4천을 내주자 유비는 아예 도겸 수하로 들어갔다.

결과적으로 유비는 운이 아주 좋았다. 조조 군대가 한창 서주를 위협할 때 조조 후방에 문제가 터졌다. 견성甄城을 지키던 장막張邈과 진궁陳宮이 조조를 배신하고 여포에게 투항한 것이다. 이것이 전부가 아니었다. 이미 조조에게 투항했던 주변의 다른 제후들까지 잇따라 등을 돌리고 장막과 진궁을 따라갔다. 조조는 어쩔 수 없이 서주 함락을 포기하고 군대를 돌렸다.

조조 군대가 물러간 후 한숨 돌린 도겸이 유비를 예주 자사로 추천하는 상소를 올렸다. 그러나 예주 자사 곽공郭貢이 버젓이 버티고 있었기에 유비는 일단 서주 근처 소패에 주둔했다. 이렇게 해서 유비는 세력을 키울 기반을 마련했다.

유비가 명목상 예주 자사가 된 지 얼마 지나지 않아 도겸이 병이 깊어졌다. 유비를 신뢰했던 도겸은 임종을 앞두고 별가종사別駕從事 미축糜竺

에게 '서주를 안정시킬 사람은 유비뿐이다.'라는 유언을 남겼다. 별가종사
는 주목 다음으로 높은 관직이다. 미축은 도겸이 죽은 후 모든 관리들을
모아 유비를 맞을 준비를 시작했다. 도겸의 유언에 따라 유비에게 서주목
자리를 넘길 생각이었다.

뜻밖의 희소식이었지만 유비는 침착하게 대처했다. 아직 서주의 기반
을 완전히 다지지 못했기 때문에 아무리 도겸의 유언이라도 분명히 반대
하는 무리가 있을 것이라고 생각했다. 그래서 진등陳登이 서주목이 되어
달라고 요청했을 때, 거절의 뜻을 밝히면서 당시 정치적 지위와 군사력이
가장 월등했던 원소를 추천했다. 이에 진등은 유비가 가장 확실한 적임자
라며 더욱 강력하게 요청했다. 이 소식을 들은 북해상 공융도 유비를 지
지한다는 뜻을 전했다. 유비는 결국 모두의 지지를 받으며 서주목에 부임
했다.

서주목 부임은 유비 정치 인생에서 매우 중요한 전환점이었다. 이리저
리 쫓겨 다니던 유비 세력이 안정적인 기반을 마련함으로써 드디어 유비
가 정치적으로 다른 제후들과 어깨를 나란히 할 수 있게 되었다.

4장

중원 쟁탈전

서주를 두 번 잃다

주변 제후들은 혼란스러운 서주를 예의주시하고 있었다. 유비가 서주목에 부임하자마자 원술이 서주를 공격해왔고, 양측은 우이^{肝眙}와 회음^{准陰}에서 맞붙었다.

건안 원년(196년), 조조가 유비를 진동장군^{鎭東將軍}에 임명하고 의성정후^{宜城亭侯}에 봉하라는 상소를 올렸다. 당시 유비 군대는 회음 석정^{石亭}에서 원술 군대와 수차례 교전을 벌이며 팽팽하게 맞서는 중이었고, 이때 장비는 하비 수비를 맡았다.

한 달 가까이 대치하던 중, 하비에서 장비와 도겸의 수하였던 조표^{曹豹}가 크게 다투었다. 장비가 홧김에 조표를 죽이려고 하자 조표가 유비에게 등을 돌렸다. 겉으로는 하비를 지키는 척하면서 몰래 사람을 보내 여포를 끌어들였다. 장비는 여포의 기습을 당해내지 못해 하비를 버리고 도망쳤다. 유비가 소식을 듣고 서둘러 군대를 돌렸지만 하비는 이미 여포에게 넘

북경예술박물관에 소장된 감부인 초상화(청대)

신이 된 영웅 관우

어간 후였다. 다시 하비를 되찾으려 공격을 퍼부었지만 결국 여포에게 크게 패했다. 간신히 군대를 수습해 동쪽으로 이동하던 중 광릉廣陵에서 원술과 맞붙었지만 또 한 번 참패했다. 유비는 남은 병사를 이끌고 해서海西로 퇴각했다.

이번에 유비가 상대한 원술과 여포의 군대는 당시 손꼽히는 강한 군대였다. 상대적으로 기반이 약했던 유비는 연패를 거듭하다 결국 도망쳤고 처자식은 여포에게 사로잡히고 말았다. 참패 후 허겁지겁 도망치느라 무기와 군량이 부족했던 유비 군대는 광릉에 주둔할 당시 병사들이 굶주림을 견디다 못해 서로 잡아먹는 지경에까지 이르렀다. 유비는 결국 여포에게 투항했고, 여포는 함께 원술에 맞서는 조건으로 유비에게 다시 서주를 맡기기로 했다.

얼마 뒤 양봉楊奉과 한섬韓暹 군대가 서주와 양주를 침입했다. 유비가 기습 작전으로 양봉과 한섬을 죽인 후 이를 빌미로 여포에게 협상을 요구했다. 당시 여포는 원술을 상대하느라 정신이 없었던 터라 유비의 요구에 따라 그의 처자식을 돌려보냈다.

여포가 유비에게 다시 서주를 맡긴다고 하자 여포 수하 장수들이 후환을 남길 수 있으니 유비를 제거해야 한다고 건의했다. 하지만 여포는 이 말을 듣지 않았고 오히려 유비에게 이런 사정을 알려줬다. 상황이 심상치 않다고 판단한 유비는 일단 서주를 포기하고 한발 물러서기로 했다. 당장 여포에게 사람을 보내 소패에 주둔하겠다는 뜻을 전하고 이후 하비 수비를 관우에게 맡겼다.

유비는 소패에 자리 잡은 후 서둘러 군대를 재정비하고 힘을 길렀다. 얼마 지나지 않아 유비 군대는 다시 만 명 규모를 회복했다. 유비 세력이 점점 커지는 모습을 지켜보던 여포는 아무래도 불안해 직접 나서서 유비를 공격했다. 아직 여포를 상대하기 버거웠던 유비는 크게 패하고 조조 진영으로 도망쳤다.

조조는 유비의 투항을 매우 반기며 유비를 예주목에 임명하고 식량 등 군수품을 제공했다. 얼마 뒤 유비는 소패에서 흩어진 병사를 모으고 조조가 지원해준 추가 병력을 더해 다시 한 번 여포에게 칼끝을 겨눴다.

건안 3년(198년) 봄, 여포가 말을 구입하기 위해 하내河內에 사람을 보냈는데, 유비에게 모두 약탈당했다. 이에 여포가 중랑장 고순高順과 북지北地 태수 장료를 보내 유비를 공격하라고 명했다. 조조가 유비를 도우려 하후돈夏侯惇을 보냈지만 고순에게 패했다.

그해 9월, 여포가 공격해오자 유비는 홀로 소패를 탈출하고 처자식은 다시 여포에게 사로잡혔다. 10월, 조조가 여포를 토벌하기 위해 직접 출정했다. 유비는 도망가던 중 양국梁國에서 조조를 만나 다시 여포 공격에 가담했다. 11월, 조조가 하비성을 포위하고 압박한 끝에 결국 여포를 사로잡았다. 여포와 부하 장수는 모두 처형당하고 유비는 다시 처자식을 되찾았다.

유비 삼형제는 수년간 이리저리 도망다니며 많은 어려움을 겪었지만 관우는 늘 굳은 마음으로 유비 곁을 지켰다. 관우의 강력한 지지와 삼형제의 의리는 훗날 유비의 대업에 든든한 기초가 되었다.

여포는 하비에서 조조 대군에게 포위당했을 때 수하 장수 진의록秦宜
祿을 관우에게 보내 도움을 청했다. 진의록은 원래 두씨杜氏 부인이 있었는
데, 여포의 명으로 원술을 만나러 갔을 때 원술의 제안으로 한나라 종실
여자와 혼인했다. 하비가 포위됐을 당시 진의록의 두씨 부인도 그곳에 있
었다.

진의록을 만나고 두씨를 떠올린 관우가 조조에게 여포를 제압한 후
두씨를 아내로 삼고 싶다고 말했다. 조조는 맹장 관우를 자기 사람으로
만들고 싶었기 때문에 흔쾌히 승낙했다.

하비성 함락 직전 관우는 조조에게 한 번 더 약속을 상기시켰다. 관
우가 이렇게까지 신경을 쓰자 조조는 두씨가 대단한 미인이라고 생각해
성을 함락하자마자 두씨를 찾아오라고 명하고 본인이 차지해버렸다. 관우
는 이 일로 크게 분개했다.

| 참고자료 | **관우와 두씨 부인**

관우가 조조에게 두씨 부인을 약속받은 일화는 《삼국지·촉서·관우
전》,《삼국지·위서·명제기》,《화양국지》 등 여러 사서에 등장하며 내용
도 거의 일치한다.《화양국지》는 여포를 포위한 장소를 회양으로 잘못
표기했고, 진의록이 장양에게 여포를 구해달라고 청했다고 기록했다.
나중에 관우가 이 사실을 알고 조조에게 두씨 부인 이야기를 꺼낸 것
이다.

배송지가 《헌제전》獻帝傳을 인용해 《삼국지·위서·명제기》明帝記에 주해한 기록에 따르면, 조조가 두씨 부인을 잡아가자 진의록이 투항했다고 한다. 진의록은 조조에게 아내를 빼앗겼으니 당연히 화가 났겠지만 달리 방법이 없었다. 후에 유비가 조조를 떠난 후 장비가 일부러 진의록을 만나 이렇게 말했다.

"조조가 당신 아내를 빼앗아 갔는데 멍청하게 계속 여기 있을 거요? 우리랑 같이 갑시다."

진의록은 이 말을 듣고 바로 따라나섰지만 금방 후회하며 돌아가려 했다. 그러자 장비가 불같이 화를 내며 진의록을 죽여버렸다. 진의록의 아들 진랑秦朗은 친모 두씨 부인과 함께 조조 집에서 살았다. 진랑을 매우 아꼈던 조조는 연회에서 이런 말을 하기도 했다.

"세상에 나처럼 의붓아들을 아끼는 사람이 또 있겠는가?"

허전許田 사냥

여포를 무너뜨린 후 유비와 관우는 조조를 따라 허도로 갔다. 조조는 유비를 좌장군에 임명하는 등 극진히 대했다. 유비는 늘 대업을 꿈꾸고 있었지만 이때까지는 늘 누군가의 밑에 있었다. 그래서 여러 군벌 중 독보적인 정치 지위와 군사력을 장악한 조조를 부러워하고 질투하고 미워했다.

신이 된 영웅 관우

유비를 따라 허도에 간 관우는 헌제, 조조와 만날 기회가 많았다. 《삼국연의》에 등장하는 '허전 사냥' 일화가 대표적인 사례이다. 당시 조조의 모사 정욱이 한창 상승세를 타고 있으니 이 기회에 패업을 달성해야 한다고 조언했다. 이에 조조는 헌제를 대동해 사냥을 나가는 계획을 세워 상황을 살피기로 했다.

헌제와 조조가 말을 타고 나란히 앞장서고 유비 삼형제와 여러 대신이 조금 떨어져 뒤따랐다. 사냥이 시작되자마자 헌제가 유비에게 활을 쏘라고 명하여 유비가 토끼를 명중시켰다. 작은 언덕을 끼고 돌자 가시덤불 앞에 사슴이 나타났다. 헌제가 쏜 화살 세 발이 모두 빗나가자 이번엔 조조에게 활을 쏘라고 명했다. 조조가 헌제의 활과 금 화살을 건네받아 사슴을 명중시켰다.

멀리서 따르던 대신들은 사슴을 맞춘 금 화살을 보고 헌제가 쏜 것이라고 생각해 우르르 달려가 크게 만세를 외쳤다. 이때 조조가 헌제 앞으로 나서 대신들의 축하를 받았다. 대신들은 크게 당황했고 관우가 분을 참지 못해 조조를 향해 칼을 뽑으려 하자 유비가 급히 말렸다.

사냥이 끝나고 허도로 돌아간 후, 관우는 유비에게 왜 조조를 죽이지 못하게 막았느냐고 따졌다. 유비는 쥐 잡으려다 장독 깬다는 속담을 이야기하며 자칫 조조를 죽이지 못하고 황제를 위험에 빠뜨리는 일이 벌어질 수 있기 때문이라고 설명했다. 하지만 관우는 지금 조조를 죽이지 못했으니 훗날 큰 골칫거리가 될 것이라며 불만을 터트렸다.

《삼국연의》의 허전 사냥은 조조가 공공연히 황제를 무시했음을 보여주는 대표적인 일화이다.

| 참고자료 | **허전 사냥은 과장**

허전 사냥은 실제 있었던 역사 사건이지만 관련 기록은 아주 간략하다.

한번은 조조가 유비, 관우 등과 함께 사냥을 나갔다. 사냥이 시작되어 모두 뿔뿔이 흩어지자 관우가 조조를 없애자고 제안했지만 유비가 받아들이지 않았다. 훗날 유비와 관우가 조조에게 쫓겨 형주에서 하구夏口까지 도망치면서 고생한 일이 있었다. 이때 관우가 애초에 자기 말대로 조조를 죽였다면 이 지경이 되지 않았을 것이라며 유비에게 화를 냈다. 유비는 "그때는 조조가 한나라 황실의 충신이라고 생각했기 때문에 죽이고 싶지는 않았다."고 해명했다.

이 기록에 따르면 유비는 한나라를 위해 조조를 죽이려는 관우를 말렸다. 그러나 배송지는 이것이 유비의 황당한 자기변명이라고 반박했다. 결국 실패로 끝나긴 했지만, 얼마 뒤 유비가 동승董承과 결탁해 조조 암살 계획을 세웠기 때문이다. 애초에 유비가 정말 나라를 위해 관우를 말렸다면 과연 금방 다시 동승과 결탁해 조조를 죽이려 했을까? 따라서 유비가 관우에게 늘어놓은 해명은 진심이 아닐 것이다.

그렇다면 유비가 관우의 제안을 거절한 진짜 이유는 무엇일까? 배송

허창 사냥터 유적지

지는 관우의 제안이 너무 갑작스러워 유비가 온전한 대비책을 세울 시간이 없었기 때문에 섣불리 움직였다가 오히려 역으로 당할 수 있다고 생각했을 것이라고 봤다. 배송지의 해석은 확실히 일리가 있다.

관우가 조조를 죽이자고 제안한 것은 확실히 경솔한 판단이었다. 당시 조조는 이미 쉽게 죽일 수 있는 존재가 아니었다. 게다가 유비는 극진한 대접을 받았으니 조조를 죽일 이유가 없었다.

국가 차원에서도 명분이 없었다. 그동안 헌제는 동탁과 그 수하들에게 이리저리 끌려다니며 굶주림에 노숙까지 하는 등 비참하기가 이루 말할 데가 없었지만 황제를 등에 업고 제후를 호령한다는 조조의 계획에 따라 허도에 정착한 헌제는 황제로서의 존엄과 명예를 되찾았다.

유비는 다른 사람들과 마찬가지로 이 모든 과정을 지켜봤기 때문에 관우의 제안에 반대했을 것이다. 관우의 생각은 유비와 비교하면 너무나 단순했다.

그렇다면 관우가 조조를 죽이자고 제안한 다른 이유는 없었을까? 《삼국지》의 《선주전》이나 《관우전》에서는 찾을 수 없지만 《화양국지·유선주지》劉先主志에 관련 기록이 있다.

조조가 관우에게 진의록의 아내 두씨를 보내기로 한 약속을 어긴 지 얼마 지나지 않아 유비 등과 사냥을 나갔다. 관우가 이 기회를 틈타 조조를 죽이려 했지만 유비가 나라를 위해 죽이지 못하게 하자 큰 후환이 될 것이라며 우려를 표했다.

이 기록은 조조가 약속을 어긴 사실을 언급함으로써 관우가 조조를 죽이려 했던 이유를 두씨 부인과 연결시켰다.

관우는 허전 사냥에서 기회가 생기자 조조에게 복수하려 했고, 유비는 이성적으로 판단해 이를 막았다. 그러나 관우가 조조를 죽이려 한 이유의 명분이 부족했기 때문에 유비를 주인공으로 내세운 《삼국연의》의 저자가 유비의 대의명분을 강조했을 것이다.

《삼국연의》의 허전 사냥 일화는 관우가 두씨 부인에게 연연했던 모습을 감추는 대신 헌제를 무시하며 야욕을 드러내는 조조와 이성적이고 대의를 중시하는 유비를 선명하게 대비시켰다. 이처럼 자연스러운 인과 관계와 논리 흐름 덕분에 더욱 생동감 넘치고 극적인 일화가 탄생했다.

흩어진 삼형제

조조를 따라 허도에 간 유비는 헌제의 밀서를 받은 동승과 함께 조조 암살 계획을 꾸몄다. 암살 계획이 발각되어 동승 세력이 거의 대부분 처형당했지만 유비는 화를 면했다. 그러나 조조가 초대한 연회에서 적잖이 놀라고 불안을 느낀 유비는 이곳이 오래 머물 곳이 아니라고 판단했다.

얼마 뒤 원소에게 도움을 청하러 가는 원술이 서주를 지날 때 조조가 수하 장수 주령朱靈, 노소路昭와 유비를 보내 공격하도록 했다. 곽가를 비롯한 조조의 모사들은 유비가 언제든 떠날 사람이라고 생각했기 때문에 유비의 출전에 반대했다. 이렇게 내보내면 돌아오지 않을 것이 불 보듯 뻔했지만 조조는 말을 듣지 않았다. 실제로 유비는 조조 수하에 머물고 싶지 않았다. 호충胡沖이 쓴 《오력》吳歷에 이와 관련된 기록이 있다.

조조가 수하 장수들에게 사적인 연회와 모임을 금지시키자 유비는 불필요한 의심을 사지 않으려 극도로 조심스럽게 행동했다. 거의 모든 사교 활동을 끊고 집안에만 틀어박혀 있었다. 조조가 사람을 보내 동정을 살폈는데 온종일 뜰에서 채소를 가꿀 뿐 의심할 여지가 없었다. 한편 유비는 관우와

비주邳州 토산 관제묘

장비에게 "그저 채소를 기르려는 것이 아니라 조조를 속이기 위함이다. 우리가 이곳에 오래 머물수록 조조는 우리를 놓아주지 않으려 할 것이다. 가능한 빨리 이곳을 떠나야 한다."라고 말했다. 그날 밤 유비는 몰래 뒷문으로 빠져나가 곧바로 본인의 군대가 기다리는 소패로 달려갔다.

배송지는 이 기록이 역사 사실에 부합하지 않는 엉터리라고 신랄하게 비난했지만 유비가 남의 밑에 오래 머물 사람이 아니며 늘 조조를 떠나려 했다는 것만은 사실이다. 그래서 조조가 원술을 공격하라고 출전을 명했을 때 유비는 내심 기뻐했다.

그런데 양쪽 군대가 맞붙기도 전에 원술이 병사했다. 조조 수하 장수

비주 토산 관제묘 관제상

와 병사는 모두 허도로 돌아갔지만 유비는 하비에 남았다. 얼마 뒤 서주 자사 차주를 죽인 후 관우에게 하비 수비와 임시로 서주 태수 임무를 맡기고 유비는 소패에 주둔했다.

이후 주변의 중소 군벌들이 조조에게 등을 돌리고 투항해 오면서 소패에 자리 잡은 유비 세력이 단기간에 수만 명으로 늘어났다. 유비는 힘이 생기자 원소와 연합해 조조에 대항했다. 이에 조조가 유대劉岱와 왕충 공王忠玟을 보내 공격했지만 이번에는 유비도 호락호락하지 않았다.

건안 5년(200년) 정월, 원소와 조조 군대는 관도에서 대치 중이었다. 유대와 왕충공이 유비 공격에 실패하자 조조는 다른 장수에게 관도를 맡기고 직접 군대를 이끌고 유비를 토벌하러 나섰다. 한편 유비는 조조가 원소를 상대하느라 서주를 공격할 여유가 없으리라 생각했는데 정찰 기병이 조조가 군대를 이끌고 온다는 소식을 전했다. 유비는 도무지 믿을 수가 없어 기병 수십 명을 이끌고 성 밖으로 나가 직접 살피다가 조조 군대의 깃발이 성벽 코앞에서 펄럭이는 것을 보고 혼비백산해 도망쳐버렸다. 조조는 힘 하나 들이지 않고 유비의 처자식을 포함해 대다수 병력을 손에 넣었다.

토산삼약土山三約

유비가 도망친 후, 하비에 남은 관우는 조조의 공격을 막아낼 수 없어 결국 투항했다.

관우의 투항은 현실적으로 어쩔 수 없는 선택이었다. 당시 조조 세력은 정치적으로나 군사적으로 빠르게 성장해 웬만한 제후들을 모두 제쳤고, 최강 원소 군대를 상대할 만큼 강력해졌다. 또한 조조는 정치나 군사적으로 권모술수와 전략이 뛰어나 주변 제후들과 복잡하게 뒤얽힌 이해관계를 자신에게 유리하게 잘 풀어냈다. 그런 조조였기에 원소 군대의 강력한 압박 중에서도 기회를 포착해 유비 세력이 자리를 잡기 전에 가볍게 기반을 무너뜨릴 수 있었다. 이에 비해 유비 세력은 조조의 공격을 막아낼 준비가 전혀 안 된 상태였다.

이처럼 양측의 실력 차이가 현저했기 때문에 관우의 투항은 지극히

신이 된 영웅 관우

당연한 결과였다. 그런데《삼국연의》는 한나라 황실에 대한 충성을 부각시키기 위해 관우가 조조가 아닌 한나라에 투항한 영웅이라고 묘사했다.

《삼국연의》에서 조조의 거짓 항복 계략에 당한 관우는 토산에서 포위당해 꼼짝없이 갇힌 신세가 됐다. 관우와 친분이 있는 조조의 장수 장료가 "투항하지 않으면 세 가지 죄를 짓는 것이고, 투항하면 세 가지 혜택을 얻을 것이다."라며 투항하라고 설득했다. 이에 관우는 어쩔 수 없이 투항을 결심하고 세 가지 조건을 제시했다.

첫째, 조조가 아닌 헌제에게 투항하는 것임을 분명히 밝혀야 한다.

둘째, 지위 고하를 막론하고 어느 누구도 유비의 두 부인을 괴롭히지 못하도록 하고 정중히 대해야 한다.

셋째, 유비와 소식이 닿으면 아무리 먼길이라도 당장 떠날 것이니 막으려 하지 말라.

관우는 세 가지 조건 중 하나라도 빠진다면 절대 투항하지 않겠다고 오히려 큰소리쳤다.

이것이 바로 토산삼약, 혹은 약삼사約三事, 약토산約土山이라 불리는 일화이다. 훗날 이 이야기가 모티브가 되어 관우의 충의와 절개를 보여주는 다양한 희곡이 탄생했다.

| 참고자료 | **토산삼약은《삼국연의》가 만들어낸 허구이다**

포위당한 관우가 조조에게 항복한 일은 실제 역사 기록에 남아 있다.

관우는 조조 대군을 막아낼 수 없어 결국 투항했다. 《삼국지·선주전》 기록은 다음과 같다.

건안 5년, 조조가 직접 유비 토벌에 나섰다. 유비는 참패 후 도망쳤고, 조조는 유비의 처자식을 포함해 대다수 병사를 포로로 잡았고 관우까지 사로잡았다.

이 기록은 확실히 '사로잡았다'라고 표현했다. 《삼국지·관우전》에도 '조조가 관우를 사로잡은 후 편장군에 임명하고 극진히 대우했다.'라는 기록이 있다. 여기에서도 똑같이 '사로잡았다'라고 적었다. 그리고 《삼국지·무제기》에서는 투항이라는 단어를 사용했다.

조조가 유비를 공격해 대승을 거뒀다. 하비를 지키던 관우는 계속되는 공격에 결국 투항했다.

이처럼 사료 기록이 명확함에도 불구하고 훗날 관우 숭배가 성행하면서 관우의 실패를 감추기 시작했다. 원나라 지치 연간(1321~1323년)에 간행한 《삼국지평화》에 관우가 포위된 후 장료가 투항을 권유하는 장면이 있다. 이때부터 관우의 투항이 미화되기 시작해 명나라에 이르러 당당하게 조건을 내걸고 투항하는 모습이 등장했다. 《삼국연의》의 토산삼약은 결국 관우를 미화하기 위해 꾸며낸 이야기이다.

5장

허도 시기

춘추대의

관우는 하비에서 투항한 후 조조와 함께 허도로 갔다. 조조는 관우를 편장군에 봉하고 극진하게 대우했다.

관우가 허도에서 지낸 동안의 사서 기록은 매우 간략하다. 하지만 《삼국연의》와 민간 전설 중에는 그에 대한 이야기가 꽤 많다. 이 중에는 관우의 대표적인 일화로 손꼽히는 것도 있다. 오늘날 관우는 문무를 겸비한 영웅으로 인식되는데, 허도에서 지내는 동안 있었던 '한밤에 《춘추》를 읽다'라는 일화가 문ᆺ의 이미지 형성에 크게 기여했다. 강렬한 붉은 얼굴에 긴 수염을 기른 관우가 차분하게 《춘추》를 읽는 모습은 모두에게 익숙한 관우의 대표적인 이미지 중 하나이다.

허도로 돌아온 후, 조조는 관우와 유비의 처자식이 한집에 살 수 있게 해줬다. 하지만 관우는 조조에 대한 경계심을 늦추지 않았다. 한집이지만 공간을 확실히 분리해 유비의 처자식을 안채에 지내게 하고, 관우

낙양 관림의 밤새 《춘추》를 읽는 관우상

는 바깥채에서 지내며 밤새도록《춘추》를 읽으며 집을 지켰다. 이 일화는 대표적인 관우의 미담 중 하나이다.

오늘날 허창의 춘추루春秋樓는 이 일화를 고스란히 재현한 것으로 유명하다. 바깥채에 해당하는 서원西院에 웅장한 춘추루와 대형 관우상이 있고, 유비 처자식의 거처였던 안채 동원東院은 작은 샘물과 초목이 어우러져 매우 아늑하다.

조조는 지조와 기개가 굳건하고 품행이 반듯한 관우를 높이 평가해 여러 대신과 함께하는 연회에서 관우를 상석에 앉혔다. 사흘마다 작은 연회를 열고 닷새마다 큰 연회를 베풀어 관우를 대접했고 온갖 금은보화를 선물하며 진심을 전했다. 영웅 옆에 미인이 빠질 수 없는 법, 조조는 관우에게 많은 미인을 보내기도 했다. 그러나 관우는 늘 유비를 그리워했기 때문에 조조의 배려와 호의에 전혀 의미를 두지 않았다. 금은보화는 두 형수에게 주고 미녀들은 두 형수의 시중을 들게 했다.

대의를 지키는 관우의 엄숙함과 유비를 향한 충의는 훗날 성행한 관우 숭배 현상의 핵심으로, 수많은 희곡과 소설 창작자가 찬양한 것도 바로 이 부분이다.

| 참고자료 | **중국 각지의 춘추루**

관우가 밤새도록《춘추》를 읽는 모습은 매우 상징적인 관우의 대표 이미지로, 관우 숭배 문화의 일부라고 볼 수 있다. 중국 각지의 관묘 중

허창 춘추루

관우가 《춘추》를 읽은 춘추루를 재현한 곳이 많다. 그중 하남성 허창 춘추루와 산서성 해주 관제묘 춘추루가 가장 유명하다.

하남성 허창 춘추루는 허창시 구 시가지에 명청 시대 방식으로 세워졌다. 그동안 관공택關公宅, 무안왕묘武安王廟, 관왕묘關王廟, 양원영풍묘兩院英風廟, 관부자사關夫子祠, 관제묘關帝廟 등 다양한 명칭으로 불렸다.

허창 춘추루는 원나라 지원至元 연간(1335~1340년)에 처음 세워졌다. 그 후 여러 사건을 겪으며 훼손됐고, 명청 시대에 수차례 보수, 개축을 거쳐 안채와 바깥채로 구분된 현재의 양원兩院 형태가 완성됐다.

바깥채 서원 건물을 중심으로 산문山門, 춘추루, 관성전關聖殿이 차례로 늘어서 있다. 관우가 밤새도록《춘추》를 읽은 장소가 이곳 춘추루라고 전해진다. 높이가 33미터인 관성전 안에 15미터에 달하는 근엄한 대형 관우 동상이 자리 잡고 있다. 춘추루 서쪽에 문묘를 두어 문성文聖과 무성武聖을 함께 모시고 동시에 제사를 지냈다. 덕분에 문무를 겸비한 성인의 이미지가 더욱 강해졌다. 유비의 아내 감부인과 미부인이 머물렀다고 전해지는 안채 동원에는 두 부인의 밀랍 인형이 있다. 동원의 정자와 조경은 매우 운치 있게 꾸며져 있다.

인경각麟經閣이라고도 불리는 산서성 해주 관제묘 춘추루는 운성시 해주진에 있다. 명나라 만력 연간에 처음 세워졌고 청나라 동치 연간 (1870년)에 재건했다.

해주 관제묘의 핵심인 춘추루는 높이 33미터에 3겹 합각지붕을 얹은 2층 건물이다. 위층, 아래층 모두 회랑이 사면으로 이어져 있고 처마 아래 조각이 매우 정교하고 아름답다. 아래층의 나무 격선隔扇(칸막이 장지문)은 산서 108현을 상징한다고 한다.

춘추루는 세 가지 절묘한 특징이 있다. 첫째, 위층 회랑 기둥을 아래층 회랑의 수련주垂蓮柱(윗부분을 지붕에 붙여 아랫부분은 허공에 떠 있는 짧은 기둥) 위에 세웠다. 위층 회랑 기둥과 아래층 수련주가 안으로 연결되어 있고 수련주가 바닥에 붙어 있지 않기 때문에 겉으로 보면 누각이 공중에 떠 있는 것처럼 보인다. 둘째, 위층 감실龕室(신주와 위패 등을 모시는 장소) 정중앙에《춘추》를 읽는 관우상이 있고, 감실 벽에 해서체

산서 해주 관제묘 춘추루

산서 태원 관제묘 춘추루

신이 된 영웅 관우

로 쓴《춘추》원문을 새겼다. 셋째, 지붕 꼭대기 부분이 북두칠성을 향해 있다.

호북 형주 춘추각春秋閣은 호북성 형주시 사시구沙市區에 위치해 있다. 춘추각은 원래 청나라 가경嘉慶 11년(1806년)에 금룡사金龍寺 안에 지었는데, 후에 큰 화재가 일어나 금룡사는 전소되고 춘추각만 남았다. 1934년에 높이 13미터 면적 2천 평방미터 규모로 재건됐다. 크고 단단한 벽돌 기초 위에 세운 춘추각 아래층에는 방이 세 칸이고 위층은 누각 형태이다. 이곳에는《춘추》를 읽는 관우상이 있고 '여포와 싸운 세 영웅'을 비롯해 삼국지와 관련된 그림과 명사가 쓴 시구가 벽에 걸려 있다. 남쪽 잔디밭에는 관우의 적토마상이 있다.

산서 태원 대관제묘 춘추루는 산서성 태원 시내 묘전가廟前街에 있다. 처음 세워진 것은 송나라 때이고, 금나라와 원나라를 거치며 훼손과 재건을 수차례 반복했다. 현재 양식은 명나라 때 재건된 것이다.《양곡현지》陽曲縣誌 기록에 따르면, 명나라 시기 태원부에 관제묘가 총 27개였는데 묘전가 관제묘의 규모가 가장 커서 대관제묘라 불렀다.

태원 춘추루는 대관제묘 후원에서 가장 눈에 띄는 장방형 2층 누각이다. 원통형 기와를 얹은 합각지붕과 겹처마 형태로, 처마 끝부분은 유리기와를 둘렀다. 위층과 아래층 정면 처마 밑에 회랑이 있고 양쪽으로 좌우 곁채, 누각과 연결돼 있다. 아래층 한가운데 갑옷 입은 관공 좌상이 있고, 그 좌우에 관평과 주창이 인장과 칼을 들고 있어 전체적으로 위엄이 넘치고 성스러웠다. 위층에는《춘추》를 읽는 좌상이 있다.

오른손을 책상에 얹고 왼손으로 수염을 쓰다듬으며 집중하는 관우의 모습이 진중하고 근엄해 보인다.

하남 사기社旗 춘추루는 하남성 남양시 사기현 산심회관山陝會館에 있다. 달리 대절정大節亭, 절의정節義亭이라고도 부른다. 청나라 건륭 20년(1755년)에 짓기 시작해 건륭 47년(1782년)에 준공됐다. 박물관에 소장된 건륭 47년 〈창건춘추루비기〉創建春秋樓碑記 기록에 따르면, 산섬 상인이 자금을 모아 산섬회관을 만들 때 관공의 충의 정신을 드높이기 위해서 춘추루를 지었다고 한다.

춘추루는 '천하제일회관'이라 불리는 사기현 산섬회관의 주요 건물 중 가장 마지막에 세운 건축물이다. 춘추루는 윗면에 장방형 청백석을 쌓아 올린 이중 기단 위에 지어졌다. 정면에 답도踏道(임금이 가마를 타고 지나가는 길)를 내고 그 좌우에도 길을 만들었다. 계단 옆에 조각 돌난간과 반룡蟠龍 기둥석을 세웠다. 춘추루 주전主殿에 권붕捲棚(용마루가 없는 지붕)식 건물과 좌우 곁채로 이어지고 회랑이 동서 방향으로 뻗어 있다. 주전은 가로 20미터, 세로 37미터, 높이 37미터 규모에 큰 기둥 48개가 우뚝 서 있어 매우 웅장하다. 이곳에도 《춘추》를 읽는 관우상이 있다.

함풍 7년(1857년) 8월, 화북 지역에서 봉기한 반청 반란군인 염군捻軍이 사기진을 공격해오자 현지 세력가들은 산섬회관 춘추루에 모여 저항했다. 이때 염군이 이곳에 불을 질렀는데, 일주일 내내 불이 꺼지지 않아 90리 밖 남양부에서도 연기가 보일 정도였다고 한다. 2005년, 사

신이 된 영웅 관우

기현 각계에서 비용을 모아 춘추루에 《춘추》를 읽는 관우 동상을 다시 세웠다.

문무를 겸비한 장수

관우는 용맹한 장수였지만 문인의 풍모로도 유명했다.

악비 이전에 무신武神 관우가 있었으니,

한나라에 천고의 장수가 나고 송나라에 천고의 장수가 났네.

공자 이후에 문성文聖 관우가 있었으니,

산동에 성인이 나고 산서에 성인이 났네.

先武穆而神, 大漢千古, 大宋千古.

後文宣而聖, 山東一人, 山西一人.

이 대련對聯(구조가 같은 두 구절을 나란히 배치한 시구)은 앞 구절에서 관우와 송나라 장수 악비岳飛의 용맹을 함께 칭송하고 뒤 구절에서 관우를 공자에 버금가는 성인으로 치켜세웠다. 이처럼 관우는 문무 두 부분에서 최고의 평가를 받았다.

허창 춘추루의 밤새 《춘추》를 읽는 관우상

신이 된 영웅 관우

관우의 문인 이미지 형성에 가장 큰 영향을 끼친 것이 바로《춘추》를 읽는 일화이다. 밤새 촛불을 밝히고 한 손에 책을 쥔 채 비스듬히 앉아 다른 손으로 긴 수염을 어루만지며 차분하게 책을 읽는 모습, 이것이 관우 하면 바로 떠오르는 대표적인 문인 이미지이다. 후세 사람들은 이 이미지를 정형화하고 최대한 미화했다. 이 이미지 덕분에 문무를 겸비한 성인이자 용맹한 장수 관우가 탄생한 것이다. 위풍당당하게 전쟁터를 누비는 용맹한 모습에 깊은 밤 촛불을 밝힌 채 심사숙고하며 전략을 짜는 지혜로운 모습까지 더해졌다.

관우의 문인 풍모는 역사적으로도 근거가 있다. 배송지가《강표전》江表傳을 인용한《삼국지주해본·관우전》은 관우가 평소《춘추좌씨전》春秋左氏傳을 즐겨 읽어 줄줄 외울 정도였다고 기록했다.《좌씨전》혹은《춘추》라고도 부르는《춘추좌씨전》은 한나라 경학經學(사서오경을 연구하는 학문)에서 매우 중요한 연구 대상으로 후대 경학 사상사에 큰 영향을 끼쳤고, 역대 통치자가 법률, 제도, 예법을 제정할 때 중요한 근거가 되었다. 중국 역대 왕조가 경학을 중시해 적극적으로 장려했는데 특히 동한 시기에 경학을 연구하는 사람이 크게 늘어 사회 전반적으로 경학 숭상 분위기가 강했다. 훗날 청나라 경학자 피석서皮錫瑞는 경학의 전성기를 동한 시대로 꼽았다.

오늘날 우리가《삼국지》를 즐겨 읽듯 한나라 사람들은《춘추》등 경서를 쉽게 접할 수 있었다.《위서·이전전》李典傳의 이전은 군사에 관심이 없고 배움을 좋아해 스승 문하에서《춘추좌씨전》등 많은 책을 읽었다.

《종회전》鍾會傳의 종회는 엄격한 어머니 밑에서 자란 덕분에 4살에 《효경》孝經, 7살에 《논어》, 8살에 《시경》詩經, 10살에 《상서》尚書, 11살에 《역경》易經, 12살에 《춘추좌씨전》과 《국어》國語, 13살에 《주예》周禮와 《예기》, 14살에 《성후역기》成侯易記를 줄줄 외웠고 15살에 태학에 들어간 후로 각종 기서를 공부했다. 《촉서·내민전》來敏傳의 내민은 각종 서적을 두루 섭렵했는데 그 중에서도 《춘추좌씨전》을 가장 좋아했다. 《촉서·맹광전》孟光傳의 맹광 역시 온갖 책을 모두 읽어 박학다식하고 특히 고대 경전에 통달했다. 맹광은 《춘추좌씨전》을 싫어하고 《춘추공양전》春秋公羊傳을 좋아해 내민과 수차례 논쟁을 벌였다. 《오서·손권전》孫權傳의 심형沈珩은 어려서부터 경서를 읽었고 특히 《춘추좌씨전》과 《춘추외전》春秋外傳을 좋아했다. 《오서·장소전》張昭傳의 장소는 어려서부터 학문과 예서隸書체를 좋아했다. 장소는 백후白侯 자안子安에게 《춘추좌씨전》을 배우고 이외에도 많은 책을 읽었다.

위의 기록은 한나라 사회가 경학에 매우 심취했고 《춘추좌씨전》 등 경서 읽기가 보편적이었음을 보여준다. 관우가 《춘추》를 읽은 것도 이러한 사회 분위기의 영향이었을 것이다. 그러나 《삼국연의》 일화와 다른 삼국 이야기들은 한층 심오한 문화 정신을 불어넣고 《춘추》 읽기에 더 강한 도덕 가치를 부여함으로써 관우를 《춘추》 정신에 부합하고 충효와 의리를 상징하는 유가의 대표 인물로 탄생시켰다. 도원결의, 그리고 조조 수하에 있다가 유비의 소식을 듣고 바로 달려간 이야기인 천리주단기千里走單騎 일화는 형제애를, 예를 갖춰 유비의 두 부인을 지킨 이야기는 충의와 도덕을, 화용석조華容釋曹(화용에서 조조를 살려준 이야기)는 은혜를 갚는 군자다운 모습을, 괘인봉금掛印封金(조조에게 받았던 관직과 금은보화를 남겨두고 떠난 이야기)은 이익에 연연하지 않는 굳은 지조를 보여준다. 여기에 언급된 충의, 의리, 도덕, 지조 등은 모두《춘추》사상과 관련이 있다. 이러한 유가 덕목이 뒷받침되지 않았다면 무성으로 추앙받지 못했을 것이다. 마지막으로 관우를 칭송하는《삼국연의》의 시 한 수를 소개한다.

> 한나라 말기, 무적의 재주를 지녔으니, 漢末才無敵
>
> 무리 가운데 운장 홀로 우뚝 섰네. 雲長獨出群
>
> 무신과 같은 위엄과 무력을 떨치고, 神威能奮武
>
> 고상하고 학문도 뛰어나네. 儒雅更知文
>
> 그 마음 하늘의 태양처럼 빛나고, 天日心如鏡
>
> 《춘추》의 뜻이 구름처럼 높구나. 春秋義薄雲
>
> 만고에 찬란히 전해지리, 昭然垂萬古
>
> 삼분 시대의 으뜸이라. 不止冠三分

안량을 베다

조조는 차례차례 적수를 무너뜨리며 계속 세력을 확장해나갔다. 이제 중원에서 조조를 상대할 수 있는 사람은 원소뿐이었다. 조조와 원소가 서로를 최대 맞수로 꼽으면서 두 세력의 무력 충돌은 그저 시간문제일

뿐이었다. 이즈음 정치적 명분과 주도권을 잡은 쪽은 조조였지만 군사력은 원소가 한참 앞섰다. 그래서 조조는 신중을 기하며 최대한 정면충돌을 피했다.

건안 원년(196년), 헌제가 조조의 뜻에 따라 원소를 업후鄴侯에, 조조를 대장군에 임명했다. 원소가 직위가 낮다며 작위를 거부하자, 조조가 대장군 자리를 양보하면서 기주, 청주, 유주, 병주 도독까지 원소에게 넘겼다. 하지만 원소는 조조가 헌제를 이용해 세력을 더 크게 확장할 것을 우려해 헌제를 업성鄴城으로 옮기자고 제안했다. 이 부분은 조조도 양보할 수 없었다. 때문에 두 사람의 관계는 이후 완전히 틀어졌다.

건안 4년(199년), 원소는 조조와 전면전을 치를 계획을 세웠다. 심배審配와 봉기逢紀에게 군사 지휘를 맡기고, 전풍田豐과 순심荀諶과 허유許攸 등 모사를 배치하고, 안량과 문추를 선봉으로 삼아 허도를 공격하도록 했다.

건안 5년(200년) 정월, 조조가 서주의 유비를 공격하자 전풍이 원소에게 이 틈에 허도를 공격해야 한다고 제안했다. 그러나 원소가 아들의 병을 이유로 공격을 미루는 바람에 절호의 기회를 놓치고 말았다. 같은 해 2월, 원소가 곽도郭圖, 순우경淳于瓊, 안량 등을 보내 백마에 주둔한 동군 태수 유연을 공격하게 하고 원소 자신은 황하를 건너기 위해 여양진黎陽津으로 향했다.

두 달 뒤, 조조가 유연을 도우러 달려갔다. 조조는 수적 열세를 극복하기 위해 순유荀攸의 제안을 받아들여 군대를 둘로 나눴다. 한쪽은 황하를 건너는 척하여 원소 군대를 유인하고 그 사이에 다른 군대가 백마로 진격하는 것이었다. 원소는 황하를 건너려는 조조 군대를 막기 위해 신속히 군대를 이동했다. 조조는 원소를 속인 후 직접 대군을 이끌고 안량을 기습했다. 안량은 갑자기 코앞에 들이닥친 조조 군대를 발견하고 크게 당황했으나 서둘러 전투태세를 갖췄다. 이때 조조는 장료와 관우를 선봉으로 내보냈다. 관우가 용맹하게 적진을 뚫고 들어가 종횡무진 활약했다. 멀리서 마차 깃발을 보고 미리 안량의 위치를 확인하고 곧바로 그 방향으로 돌격해 안량을 죽였다. 안량이 쓰러지자 그 수하들은 관우의 공격에 속수무책으로 무너지며 퇴각할 수밖에 없었다. 안량이 죽고 백마를 포위했던 원소 군대가 물러가면서 조조 군대는 큰 승리를 거뒀다.

조조와 원소의 첫 번째 전투는 조조의 승리였다. 수적인 열세를 극복한 승리였기 때문에 조조 군대의 사기가 크게 올라갔다. 관우는 이번 전투에서 역사에 길이 남을 큰 전공을 세움으로써 중국 삼국 시대를 대표하는 장수로 손꼽히기 시작했다. 조조는 상소를 올려 백마 탈환에 큰 공을 세운 관우를 한수정후에 봉하도록 했다.

반면 원소 군대는 군사력이 월등히 앞섰음에도 불구하고 장수 안량을 잃고 백마 전투에서 참패했다. 크게 분노한 원소는 조조 군대에 압박을 가하기 위해 황하를 건너 연진延津 부근에 주둔했다. 조조는 남판南阪에서 원소 군대와 대치했다.

조조는 멀리서 끊임없이 모여드는 원소 군대의 기병과 보병을 지켜보면서 대담한 유인 계획을 세웠다. 먼저 장수와 병사들을 모두 말에서 내리게 하고 말과 군수품 일체를 길가에 내려놓았다. 조조군 병사들은 기습을 받으면 제대로 싸워보지도 못할까 봐 걱정했지만 조조는 이미 계획이 있었다.

원소 군대는 문추와 유비가 이끌고 온 기병 5천을 비롯해 계속해서 병력이 모여들었다. 얼마 뒤 원소군 병사들이 조조 측에서 길에 내려놓은 군수품과 말에 눈독을 들이고 다가오자 조조가 재빨리 공격 명령을 내렸다. 조조 군대는 기병 6백 명뿐이었지만 원소군 병사들은 군수품을 챙기느라 정신이 팔려 제대로 싸우지 못했다. 조조 군대는 문추를 죽이고 다시 한 번 대승을 거뒀다. 조조는 승기를 굳힌 후 관도에 자리를 잡았고 원소는 다시 남하해 양무陽武에 주둔했다.

안량과 문추는 원소 수하에서 이름난 명장이었다. 두 장수가 잇따라 조조 군대에 참패하며 목숨을 잃자 원소 군대는 사기가 크게 떨어졌고, 이는 마지막 결전에 큰 영향을 끼쳤다. 같은 해 8월에서 11월까지 이어진 관도 대전에서 조조는 결국 수적 열세를 뒤집고 북방의 최대 걸림돌인 원소를 완전히 무너뜨리고 북방을 통일했다.

| 참고자료 | **문추를 죽인 사람은 관우가 아니다**

조조가 안량을 죽인 관우에게 한수정후 인장을 하사하려 할 때, 원소군 장수 문추가 공격해온다는 소식이 전해졌다. 조조는 즉시 대응책을 마련했다. 원소군 병사들이 조조의 유인책에 말려들자 문추는 홀로 고군분투해야 했다. 군수품을 차지하려고 같은 편끼리 다투는 병사들을

말릴 방법이 없어 결국 후퇴할 수밖에 없었다. 조조의 장수 장료가 도망치는 문추를 뒤쫓다가 오히려 문추의 활을 맞고 쓰러졌다. 이에 조조 측에서 서황徐晃이 나서 문추를 가로막고 도끼를 휘둘렀다. 그러나 원소 측에서 대규모 지원군이 몰려오자 반대로 서황이 후퇴하고 문추가 추격하는 상황이 됐다. 서황이 위기에 빠진 순간, 관우가 소수 기병을 거느리고 나타나 문추와 맞붙었다. 관우의 기세에 밀린 문추가 말머리를 돌려 강을 끼고 달아나자 관우가 바짝 뒤쫓았다. 관우의 말이 훨씬 빨라 금방 문추를 따라잡고 목을 벴다. 이렇게 문추가 죽고 조조군이 대승을 거뒀다.

관우가 문추를 죽이는 과정을 긴장감 넘치게 묘사한 이 장면은《삼국연의》에 나오는 내용이다. 하지만 역사 기록에 따르면 문추는 관우가 아니라 조조 군대와 싸우다 죽었다. 훗날 관공 숭배가 널리 퍼지면서 문추를 죽인 공이 관우에게 넘어간 것이다.

괘인봉금挂印封金

조조는 관우가 안량을 죽여 큰 공을 세우자 무예가 출중한 장수를 얻었다는 생각에 매우 기쁘고 자랑스러웠다. 물론 관우의 마음이 변함없이 유비를 따르고 있기에 언제든 떠날 수 있다는 사실을 잘 알았다. 그래서 최대한 관우를 붙잡아 두려고 갖은 노력을 다했다. 관우에게 그럴 듯한 관직과 작위를 내리고 선물 공세를 펼쳤으며 웬만한 일은 뜻대로 하도록 내버려 두었다.

그러나 관우의 마음속에는 여전히 유비뿐이었다. 조조의 극진한 대접은 고맙지만 조조의 수하가 될 생각은 전혀 없었다. 인재가 절실했던 조조는 너무 속상하고 애가 탔다.

백마 전투가 일어나기 전, 조조가 장료에게 관우의 의중을 떠보게 했다. 관우를 붙잡아 두려면 먼저 속마음을 정확히 알아야 했는데, 장료가 관우와 개인적 친분이 있던 터라 속마음을 털어놓으리라 기대한 것이다. 장료와 대화를 나누던 관우가 길게 한숨을 내쉬었다.

"조공이 잘해주는 것은 알지만, 나는 유 장군의 은혜를 입었고 한날한시에 죽기를 맹세했으니 배신할 수 없네. 언젠가 떠나겠지만 반드시 조공의 은혜를 갚고 떠날 것이네."

장료는 관우의 진심을 듣고 매우 난감했다. 그대로 전하자니 조조가 분개해 관우를 죽일까 봐 걱정이고, 진실을 숨기자니 신하의 도리가 아닐뿐더러 큰 죄를 짓는 것이었다. 장료는 심사숙고 끝에 친구인 관우보다 군신 관계인 조조를 선택했다. 당시 사회는 형제급인 친구보다 부자나 다름없는 군신 관계가 훨씬 중요했다. 장료는 양쪽 모두에게 진심이었다. 형제와 같은 친구를 진심으로 걱정했지만 주군의 뜻을 거스르지 않고 충성을 다하는 것은 신하로서의 의무였다. 장료가 주군과 나라를 위해 우정을 저버린 것은 지극히 당연한 결정이었다.

괘인봉금(청나라 시대 그림)

허창 파릉교 관제묘 편액

허창 파릉교 관공 조각상

신이 된 영웅 관우

그런데 조조는 장료의 예상과는 전혀 다른 반응을 보였다. 관우를 벌하기는커녕 의리 있는 사람이라며 칭찬을 아끼지 않았다.

"관우가 주군을 섬기는 데 있어 근본을 잊지 않으니, 천하의 의인이다."

조조는 관우의 인품에 감탄하여 이후로도 많은 선물을 보내며 성의를 표현했다. 이에 관우는 백마 전투에서 조조에게 보답하기 위해 안량을 죽여 큰 공을 세웠다.

백마 전투 직후, 유비가 원소 진영에 있다는 소식을 들은 관우는 한 치의 망설임도 없이 조조를 떠나 유비를 찾아갔다.

관우와 조조의 이야기는 두 사람의 각기 다른 성격을 통해 의리와 정을 부각시켰다. 이 이야기는 전설적인 요소가 강해 다양한 버전이 존재하는데, 조조가 관우의 능력과 인품을 아끼고 관우가 조조의 은혜에 보답하고 유비에 대한 의리를 지켰다는 기본 틀을 유지하면서 의리와 정을 강조한 점은 크게 다르지 않다.

마지막으로 관우가 조조를 떠나는 장면이 매우 인상적이다. 관우는 조조 수하에 있는 동안 많은 금은보화와 선물을 받았지만 큰 의미를 두지 않았다. 올곧고 충직한 성품을 지닌 관우는 재물보다 인격과 이상을 중요하게 생각했다. 그래서 후에 유비를 찾아갈 때 그동안 받은 선물과 인장을 상자에 남겨두고 떠났다. 바로 괘인봉금挂印封金의 이야기다.

6장

재회의 천리길

파릉灞陵에서 칼로 도포를 들어 올리다

유비의 소식을 들은 관우는 주저 없이 조조를 떠났다. 관우가 직접 작별을 고하지 않고 편지만 남긴 채 원소 진영으로 달려가자 조조 수하들이 관우를 붙잡아 와야 한다고 목소리를 높였다. 그러나 조조는 관우가 자신의 주군에게 돌아간 것이니 쫓지 말라고 명했다. 인재를 놓쳐 매우 안타까웠지만 억지로 붙잡아 봤자 좋을 것이 하나도 없다는 사실을 잘 알았다. 아쉬운 마음으로 관우를 포기했지만 덕분에 인재를 아끼는 주군이라는 훌륭한 평판을 얻었다.

조조의 선택은 훗날 많은 역사가로부터 호평을 받았다. 그중 배송지가 《삼국지주해본》에 남긴 내용을 보자.

조공은 관우를 붙잡지 못해 아쉬웠지만 관우의 의리를 크게 칭송했다. 쫓아가 잡지 않은 것은 관우가 의리를 지킬 수 있도록 하기 위함이었다. 군주로서의 도량과 패기가 없었다면 불가능한 일이다. 이것이야말로 조공의 훌륭한 인품이다.

배송지는 관우가 조조 덕분에 의리를 지키고 후세의 칭송을 한몸에 받을 수 있었다고 지적했다.

청나라 역사가 노필盧弼은 《삼국지집해》三國志集解에서 북송 당경唐庚의 말을 인용했다.

관우가 조조에게 극진한 대접을 받으면서도 옛 주군을 잊지 않았으니 과연 덕을 지녔다 할 수 있지만, 전국 시대의 사대부도 그러했다. 조공이 사로잡은 관우를 죽이지 않고 후하게 대접하며 실력을 발휘할 기회를 줬으니 과연 현군이라 할 수 있지만, 전국 시대의 군주도 그러했다. 그러나 관우가 조공의 은혜에 보답한 후 받은 선물을 모두 그대로 두고 편지만 남기고 떠났으니 그 올곧고 대범한 성품에 감탄할 수밖에 없으며, 이는 전국 시대의 사대부는 할 수 없는 일이었다. 조공은 관우가 떠날 것을 알았지만 돌아갈 때 가져가도록 후한 선물을 보냈고 각자의 군주를 위한 일이니 뒤쫓지 말라고 수하들을 꾸짖었다. 도량이 넓은 조조는 관우가 떠난 것이 매우 아쉬웠지만 순순히 보내줌으로써 부하들에게 대범한 모습을 보여주고 한편으로는 관우가 의리를 지키고 능력을 펼칠 수 있게 해줬다. 이는 고대 군주의 도량을 이어받은 것이라 할 수 있다. 나는 일전에도 조공을 이렇게 평가했다. 조공은 좋은 일뿐 아니라 나쁜 짓도 서슴지 않았다. 좋은 일을 했으니 나라를

허창 파릉교 관제묘 관공상

가졌고 나쁜 짓을 서슴지 않았으니 천하를 얻지 못했다.

당경의 견해는 관우와 조조의 관계, 그리고 그들의 인간성을 잘 보여
준다.

관우가 조조를 떠날 당시 조조는 관도에서 원소와 대치 중이었다. 황
건적 일파인 여남汝南의 유벽劉辟이 조조를 배신하고 원소 편에 합류했다.
원소는 유비에게 유벽과 함께 허도를 공격하라고 명했다. 유비와 유벽이
허도를 공격했지만 조조의 장수 조인에게 기습을 당해 다시 원소 군영으

관우가 지나간 다섯 관문의 출발점인 허창 파릉교 패루

로 돌아갔다. 유비는 허도 공격에 실패했지만 이때 관우와 재회하는 큰
수확을 얻었다. 관도 대전이 벌어지기 직전에 관우가 유비에게 돌아가면
서 두 형제는 반년 만에 극적으로 재회했다.

　원래 관우가 허도를 떠나 유비에게 돌아간 일은 크게 복잡한 이야기
가 아니다. 그런데 《삼국연의》는 이 이야기를 아주 상세하고 생동감 있게

표현하면서 장장 3회 분량으로 늘렸다. 26회는 관운장의 괘인봉금, 27회는 미염공美髥公(멋진 턱수염이란 뜻으로 관우의 별칭 중 하나)이 말 한 필로 천리를 달려가며 다섯 관문에서 여섯 장수를 죽이는 이야기, 28회는 채양蔡陽의 목을 베어 형제의 오해를 풀고 고성에 모여 군신의 의리를 다지는 이야기이다. 3회에 걸친 생생한 묘사를 통해 관우의 충의와 용맹을 여실히 보여줬다.

《삼국연의》 중에 조조가 파릉에서 관우에게 황금과 비단 도포를 선물하는 장면이 있다. 관우는 조조가 무슨 수작을 부릴지 몰라 황금을 거절하고 말에 탄 채 긴 칼로 도포를 들어 올렸다. 그렇게 조조에게 작별을 고한 후 유비의 두 부인을 호위하며 일행과 함께 서쪽으로 향했다.

| 참고자료 | **파릉교 일화**

파릉교 일화는 유비를 옹호하고 조조를 비난하는 후세 사람들이 조조의 간사함을 강조하기 위해 꾸며낸 이야기로, 조조의 '두 얼굴의 간신' 이미지에 큰 영향을 끼쳤다. 그러나 그동안 조조가 관우를 대한 태도로 보면 관우의 걱정은 완전히 기우였다. 무엇보다 조조는 인재를 매우 아꼈기 때문에 관우를 해칠 생각이 없었다. 당시 관우가 전투력을 완전히 상실한 상태였기 때문에 죽일 생각이 있었다면 간단히 해치울수 있었다. 하지만 조조 입장에서는 온 세상이 지켜보는 가운데 관우를 죽여 악랄한 오명을 뒤집어쓸 필요가 없었다.

이 일화는 오히려 편협하고 의심 많은 모습을 부각시킴으로써 조조 앞에서 늘 당당하고 기개가 넘쳤던 관우의 이미지를 실추시켰다. 훗날 관우가 화용도에서 은혜를 갚기 위해 조조를 풀어준 일을 감안하면 파릉교에서 조조를 의심한 행동은 맥락이 맞지 않는다.

다섯 관문을 지나며 여섯 장수를 베다

《삼국연의》에서 관우가 다섯 관문을 지나며 여섯 장수를 죽이는 이야기는 긴장감 넘치는 명장면으로 손꼽힌다.

관우 일행이 가장 먼저 도착한 관문은 공수^{孔秀}가 지키는 동령관^{東嶺關}이었다. 공수가 관례에 따라 통행증을 요구했으나 관우는 통행증이 없었다. 두 사람은 말을 탄 채 맞붙었고 관우가 순식간에 공수의 목을 베었다.

두 번째 관문은 낙양 태수 한복^{韓福}이 지키는 낙양관이었다. 한복은 부하 장수 맹탄^{孟坦}과 함께 관우를 잡을 계획을 세웠다. 일단 맹탄이 못 이기는 척 도망가며 관우를 유인하면 매복해 있던 한복이 활을 쏘기로 했다. 그러나 계획이 실패하면서 한복과 맹탄 모두 관우의 칼에 죽었다.

세 번째 관문은 철퇴의 일종인 유성추를 잘 쓰는 변희^{卞喜}가 지키는 사수관이었다. 변희는 진국사에 도끼로 무장한 병사 3백 명을 매복시키고 관우를 반기는 척 안심시키고 기습할 계획이었다. 관우와 같은 고향 출신인 진국사 승려 보정이 관우에게 눈짓으로 변희의 음모를 알렸다. 관우는 보정의 뜻을 알아차리고 변희를 크게 꾸짖으며 칼을 휘둘렀다. 치열한 싸움 끝에 관우가 변희를 쓰러뜨렸다.

네 번째 관문은 형양 태수 왕식^{王植}이 지키는 형양관이었다. 왕식은 사돈인 한복이 관우 손에 죽었다는 소식을 듣고 복수심이 불타올랐다. 왕식이 종사 호반^{胡班}에게 관우가 묵는 역참에 불을 지르라고 명했다. 그러나 호반은 불을 붙이기 전에 마음을 바꿔 관우를 놓아주었다. 관우는 뒤쫓아오는 왕식을 베어 죽였다.

다섯 번째 관문은 하후돈의 부하 진기^{秦琪}가 지키는 황하 나루터 활주관^{滑州關}이었다. 관우는 진기가 통행증을 요구하자 분노하며 바로 공격했다. 결국 진기도 관우의 칼을 맞고 말에서 굴러 떨어졌다.

관우는 조조 군대가 지키는 다섯 관문을 지나는 동안 홀로 고군분투하며 여섯 장수를 죽여 천하를 뒤흔들었다. 이 이야기는 《삼국연의》에 등장하는 관우의 활약 중 가장 눈부신 장면으로 손꼽힌다.

관우는 다섯 관문에서 조조의 여섯 장수를 죽임으로써 용맹한 전투력과 유비에 대한 충성심을 만천하에 알리며 영웅으로 등극했지만, 조조와는 영원한 적수가 되었다. 이후 관우와 조조는 정치, 군사적으로 첨예하게 대립하는 맞수로 만나 수많은 대결을 치렀다.

| 참고자료 | **다섯 관문은 돌아가는 길이다**

역사 기록에 따르면, 관우가 다섯 관문을 지날 때 조조와 원소는 북방 패권을 차지하기 위해 관도에서 대치 중이었다. 황건적 일파인 여남의 유벽이 조조를 배신하고 원소와 손을 잡았다. 원소는 조조의 세력 확장을 막기 위해 유비와 유벽에게 허도를 공격하라고 명했다. 즉시 반격에 나선 조조가 조인을 보내 유비를 기습했다. 유비가 조인의 기습을 막지 못하고 서둘러 원소 진영으로 돌아갔고 이때 유비와 관우가 재회했다.

이 기록으로 보면 유비와 관우가 다시 만난 곳은 허도 부근이다. 만약 유비가 먼저 하북 원소 진영으로 돌아가고 관우가 나중에 찾아갔다고 해도, 허도에서 하북으로 향하는 길은 같다. 그런데 《삼국연의》에서 관우가 여섯 장수를 죽이며 지나간 다섯 관문의 위치는 허도 서쪽에서 시작해 서북쪽으로 이어져 있다. 첫 번째 관문 동령관은 허도 서북쪽, 낙양으로 가는 길목에 있다. 두 번째 낙양관은 낙양 부근이고 세 번째 사수관은 낙양에서 동북쪽 위치에 있다. 관우는 사수관에서 네 번째 형양관까지 동쪽으로 이동하다가 동북으로 방향을 바꿔 다섯 번째 관문 활주관에 도착했다. 이곳에서 만난 손건孫乾에게 유비가 여남에 있다는 말을 듣고 다시 여남으로 향했다.

애초에 관우는 유비가 하북에 있는 줄 알았으니 허도에서 곧장 북쪽으로 움직였어야 하는데 서북 방향으로 길을 돌아 황하 나루터에 도착했다. 관우는 왜 빠른 길을 두고 굳이 돌아갔을까? 사실 이것은 관

신이 된 영웅 관우

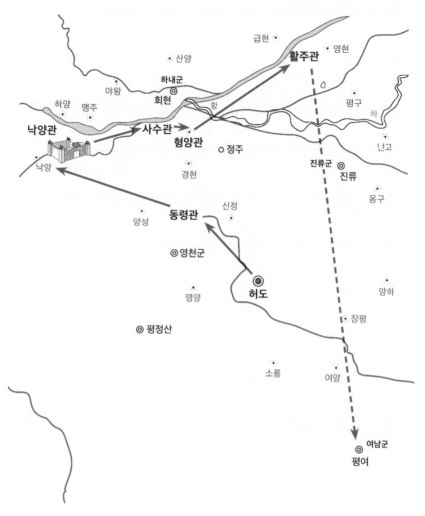

관우가 지나간 다섯 관문 경로

우의 눈부신 활약을 통해 영웅 이미지를 강조하려는 《삼국연의》 저자의 의도에 의한 것이다. 이 때문에 《삼국연의》의 관우는 애먼 길을 돌아간 것이다.

채양을 죽여 오해를 풀다

관우는 손건과 여남으로 가던 중 와우산臥牛山에서 주창周倉을 수하로 거뒀다. 얼마 뒤 고성 부근에서 장비가 고성古城을 차지했다는 소식을 접하고 기쁜 마음에 당장 달려갔다. 그러나 장비는 관우가 조조의 수하가 되었다고 생각해 다짜고짜 칼을 휘둘렀다. 관우가 열심히 해명했지만 장비는 믿지 않았다. 유비의 두 부인까지 나서서 설명했지만 관우가 두 부인을 속이고 있다고 생각했다.

관우와 장비가 한창 실랑이를 벌일 때 갑자기 조조군이 쳐들어왔다. 장비는 관우가 조조군을 데려온 줄 알고 크게 분노했다. 관우는 '네가 날 믿지 못하니, 내가 직접 저들을 죽여 결백을 증명하겠다.'라고 말하며 장비를 제치고 달려나갔다. 조조군 상대 장수 채양은 애초에 관우의 상대가 아니었다. 관우가 단칼에 채양의 목을 벴고 그제야 장비가 오해를 풀고 관우를 받아들였다.

| 참고자료 | 희곡 〈고성회〉古城會

여러 전통극에 등장하는 〈고성회〉의 내용은 일반적인 삼국 이야기와 대체로 비슷하다. 유비 삼형제는 서주에서 헤어진 후 유비는 원소에게, 관우는 조조에게 투항하고 장비는 홀로 망탕산芒碭山을 떠돌았다. 관우가 유비의 두 부인을 데리고 여섯 장수를 베며 다섯 관문을 지난 후

신이 된 영웅 관우

고성에 도착했다. 장비가 고성을 차지했다는 소식을 듣고 달려온 터라 곧 형제 상봉이 이루어질 것이란 기대에 크게 들떴다. 그러나 장비는 관우가 조조에게 투항한 줄 알았기 때문에 성문을 열기는커녕 죽이려고 달려들었다. 관우가 장비의 의심을 풀 방법이 없어 난감해할 때 조조의 장수 채양이 군대를 이끌고 쫓아왔다. 관우는 당장 말머리를 돌려 채양을 죽여 결백을 증명하고 장비의 오해를 풀었다.

이 작품은 보기 드문 관우와 장비의 대결 장면으로 큰 인기를 끌었다. 관우의 의리에 장비의 강직함이 더해져 관우를 주인공으로 한 희곡 작품 중 명작으로 손꼽힌다.

관도 대전이 일어나기 전, 원소가 유비와 유벽에게 허도를 공격하라 명하고 조조는 조인을 보내 반격했다. 유비는 기습을 당해 하북의 원소 진영으로 퇴각했다.

이때 유비는 계속 원소 밑에 있을 수 없다고 판단해 유표에게 의탁하기로 결심했다. 그래서 원소에게 조조를 견제하려면 형주목 유표劉表와 손을 잡아야 한다고 제안했다. 이에 원소가 다시 유비를 남쪽으로 보냈다. 유비는 여남을 지나던 중 황건적 잔당 공도龔都를 만나 병력 수천을 얻었다.

건안 6년(201년) 9월, 조조가 원소를 물리치고 허도로 돌아가면서 채양에게 유비와 공도를 진압하라고 명했다. 그러나 채양 군대가 공도에게 패하고 채양은 유비 손에 죽었다. 크게 분노한 조조는 유비를 치기 위해 직접 군대를 이끌고 남하했다. 유비는 조조가 직접 출정했다는 소식을 듣고 곧장 유표에게 투항했고 공도와 황건적 잔당은 뿔뿔이 흩어졌다.

《삼국지·촉서·선주전》기록에 따르면 채양은 유비 손에 죽었다. 그런데《위서·무제기》는 황건적에게 죽었다고 기록했다. 그러나 후대에 관우를 추종하는 풍조가 널리 퍼지면서 각종 희곡, 민간 전설,《삼국연의》등에서 채양을 죽인 공이 관우에게 돌아갔다. 이때 조조가 채양에게 관우를 뒤쫓게 한 이유가 관우의 길을 막으라는 것이 아니라 단순히 파릉교에서 떠난 관우의 행방을 확인하기 위함이라는 의견도 있다.

채양을 벤 사건은 관우 인생에서 중요한 일이었다. 용맹한 영웅의 모습을 드높였을 뿐 아니라 장비의 오해를 풀 수 있었다. 결과적으로 이 일화는 유비에 대한 충의, 형제에 대한 의리, 관우의 용맹을 다시 한 번 각인시켰다.

7장

유비와 유표

박망博望 전투

건안 6년(201년), 조조가 여남 황건적 공도와 유비를 토벌하러 직접 출정하자, 유비는 어쩔 수 없이 수하들을 이끌고 남쪽으로 이동해 형주 유표에게 의탁했다.

유표는 자가 경승景升이다. 한나라 말기 촉망받는 인재로 손꼽힌 팔준八俊의 한 명으로, 영제 말년에 형주 자사로 부임했다. 동탁의 수하였던 이각李傕과 곽사郭汜가 장안을 점령한 후 유표와 손잡기 위해 진남장군鎭南將軍, 형주목에 임명하고 성무후成武侯로 봉했다. 유표는 자신을 배신했던 장사 태수 장선張羨이 죽자 바로 군대를 일으켜 장사, 영릉零陵, 계양桂陽 등을 차지했다. 관할 영토가 수천 리에 달하고 병력이 10만 규모로 커진 유표는 아무도 무시할 수 없는 강력한 군벌로 떠올랐다.

유표는 주변 세력을 진압한 후 형주를 잘 다스린 것으로 유명하다. 유학을 장려하고 널리 인재를 구하자 각자의 사대부가 앞다투어 형주로 모여들었다. 원소가 관도에서 조조와 대치할 때 도움을 요청했지만 유표는 말로만 수락했을 뿐 군대는 움직이지 않았다. 형주의 안정이 무엇보다 중요했기 때문에 굳이 위험을 무릅쓰고 싶지 않았던 것이다.

유비는 먼저 미축과 손건을 보내 유표에게 자신의 뜻을 전했다. 유표는 크게 반기며 직접 나가 유비를 맞이하고 극진하게 대접했다. 그리고 유비에게 병력을 보태주며 신야新野에 주둔하도록 했다. 이들의 관계는 장장 7년 동안 이어졌다.

관우는 유비를 따라 신야에 머물렀다. 유표는 신야를 내주긴 했지만 사실 유비를 신뢰하지는 않았다. 특히 유비에게 호의적인 형주 사대부들이 늘어나는 것을 예의주시했다. 겉으로는 우호적이었지만 내심 유비가 자신을 위협하는 세력으로 발전하지 않도록 경계를 늦추지 않았다.

조조의 장수 하후돈과 우금이 박망을 공격해오자 유표가 유비를 내보냈다. 유비는 미리 군사를 매복시킨 후 자신의 주둔지에 불을 지르고 도망가는 척했다. 하후돈은 정신없이 추격하다가 매복한 유비 군대에게 기습을 당해 크게 패하고 퇴각했다.

박망 전투는 유비 삼형제가 형주에 자리 잡은 후 첫 출전한 전투였다. 유비는 이 승리로 형주의 입지를 굳히고 유표도 어느 정도 유비를 신임하기 시작했다. 특히 유비는 이 전투에서 탁월한 군사 지휘력을 발휘하면서 향후 세력 확장의 가능성을 높였다.

|참고자료| **박망 전투의 몇 가지 진실**

《삼국연의》39회 '박망에서 군사가 첫 용병술을 발휘하다'는 제갈량이 전략을 주도하고 유비, 관우, 장비가 모두 참여한 박망 전투 전개 과정을 상세하게 묘사했다. 하지만 소설과 역사 기록은 조금 다르다.

첫째, 역사 기록에 따르면 제갈량은 박망 전투에 참여하지 않았다. 박망 전투는 건안 6년(201년)에 일어났고, 유비가 초야에 묻혀 있던 제갈량을 군사로 등용한 것은 건안 12년(207년)이다.

둘째, 《삼국지·촉서·선주전》은 유비가 박망 전투를 지휘했다고 기록했다. 주둔지에 불을 지르고 도망가는 척하며 하후돈과 우금을 유인해 기습한 것은 유비의 계략이었다.

셋째, 사서에 기록된 전투의 원인이 제각각이다. 《삼국지·촉서·선주전》은 하후돈과 우금이 먼저 박망을 공격하자 유표의 명령을 받은 유비가 전투에 나선 것으로 기록했다. 《삼국연의》는 이 기록에 따랐다. 그러나 《자치통감》은 유비가 유표의 명령을 받고 북쪽으로 이동해 조조 세력이 주둔한 엽현葉縣을 먼저 공격했고 조조가 하후돈과 우금을 보내 막았다고 기록했다. 유비가 자기 진영에 불을 지르고 도망가는 방법으로 하후돈을 유인한 이야기도 여기에 등장한다.

넷째, 전투 장소가 다르다. 《삼국지·촉서·선주전》과 《삼국연의》에서 유비와 하후돈, 우금이 맞붙은 장소는 박망이다. 그러나 《자치통감》은 유비가 북진해 엽현을 공격했다고 기록했다. 박망은 오늘날 하남성 신야현이고, 엽현은 지금의 하남성 엽현이다.

박망파 유적

다섯째,《삼국지·촉서·선주전》은 조조가 보낸 장수가 하후돈과 우금
이라고 했고《자치통감》은 하후돈, 우금 외에 이전이 있었다고 기록했
다. 유비가 도망칠 때 이전이 매복이 있을 수 있다며 뒤쫓지 말라고 했
지만 하후돈은 고집스럽게 추격에 나섰고 이전은 후방에 남았다. 하
후돈이 매복한 유비 군사에게 기습을 당하자 이전이 곧바로 달려가
유비군을 물리쳤다.《삼국연의》박망 전투에는 하후돈, 우금, 이전이
모두 등장한다.

여섯째, 전투 결과가 다르다.《삼국지·촉서·선주전》은 하후돈이 유비

의 매복 작전에 패했다고만 기록했을 뿐, 이전이 하후돈을 도운 내용은 없다. 《삼국지·이전전》과 《자치통감》은 이전이 하후돈을 구하고 유비가 퇴각했다고 기록했다. '퇴각'이란 표현으로 보아 유비 군대가 스스로 물러간 것이 아니라 이전 군대에 패해 물러갔을 것이다. 그러나 《삼국연의》는 제갈량이 조조군을 물리치고 대승을 거뒀다고 했다.

삼고초려

관우는 건안 6년에서 12년까지(201~207년) 유비와 함께 신야에 주둔했다. 그 사이 유비는 유표에게 조조가 오환烏桓을 공격하는 사이 허도를 기습하자고 제안했다. 그러나 유표는 원래 방어적인 성향이라 제안을 받아들이지 않았다.

건안 12년(207년), 유비 삼형제가 삼고초려 끝에 훗날 촉나라 건국에 크게 이바지하게 될 제갈량을 군사로 영입하면서 유비의 정치 인생이 큰 전환점을 맞이했다.

제갈량은 유비 세력에 합류하자마자 천하 정세를 날카롭게 분석하고 향후 원대한 청사진을 제시했다. 유비는 제갈량의 저력을 확인하고 더욱 깊이 신뢰했다. 이에 관우와 장비가 불만을 드러내자 유비는 '공명을 얻은 나는 물 만난 물고기와 같다.'라며 이해를 바랐고 두 사람은 더 이상 이

남양 와룡강 삼고초려 유적지

문제를 거론하지 않았다.

유비는 유표에게 의탁한 신세였지만 제갈량의 계략 덕분에 은밀하게 세력을 키워나갈 수 있었다. 애초에 제갈량은 형주에 도착하자마자 유비와 유표의 격차를 단번에 파악했다. 특히 유표가 우유부단하고 군사 분야에 소질이 없음을 바로 알아봤다. 유비가 유표에게 의탁했지만 사실 두 사람은 친분은커녕 사소한 인연도 없었다. 제갈량은 유표가 20살이나 어린 유비를 그동안 투항해 온 다른 이들과 마찬가지로 별 볼 일 없게 생각한다는 것을 잘 알았다. 이런 상황에서 조조 세력이 계속 커지자 마음이

급해졌다.

어느 날 유비 삼형제와 제갈량이 유비 처소에서 모여 담소를 나누었다. 다들 돌아가고 제갈량만 남았는데 유비가 한가하게 소꼬리로 뭔가를 만들기 시작했다. 제갈량이 불쑥 불만을 드러냈다.

"장군은 원대한 뜻을 가져야 하거늘, 어찌 소꼬리나 만지작거리십니까?"

유비는 제갈량이 다른 뜻이 있음을 눈치 채고 소꼬리를 획 던졌다.

"무슨 말씀이오? 그저 잠시 근심을 잊고자 했을 뿐이오."

"장군은 유표와 조조 중 누가 더 강하다고 생각하십니까?"

"당연히 유표가 조조를 따라가지 못하지요."

"그럼, 조조와 장군을 비교하면 어떻습니까?"

"역시 조조만 못하지요."

"지금 조조보다 실력이 강한 사람은 없습니다. 더구나 장군의 병력은 겨우 수천입니다. 이런 실력으로 적을 상대할 수 있겠습니까?"

"그래서 걱정하는 것이 아니겠소. 어떻게 해야겠소?"

"지금 형주 인구가 많은 것 같지만 호적상 인구는 많지 않습니다. 호적이 생기면 세금을 많이 내야 해서 일부러 이름을 올리지 않는 것이지요. 그러니 세금을 감면해 호적이 없는 사람들이 자발적으로 이름을 올릴 수 있도록 하라고 제안하십시오. 인구가 늘어야 병사를 징집해 조조에 대항할 수 있습니다."

결국 유비는 유표를 통해 빠르게 군사력을 키운 셈이다.

《삼국지·촉서·선주전》은 유비와 제갈량의 만남을 '유비가 제갈량을
찾아갔는데 세 번째에 드디어 만났다.'라고 기록했다. 《삼국연의》는 이
짧은 기록에 '유현덕의 삼고초려'라는 제목을 붙여 멋진 이야기를 탄
생시켰다. 특히 제갈량을 만나기 전 서서徐庶와 사마휘司馬徽에게 추천받
는 장면을 통해 와룡臥龍이라는 천재 이미지를 추가했다. 유비, 관우, 장
비가 고생을 마다하지 않고 세 번이나 찾아간 끝에 제갈량 영입에 성
공한 삼고초려는 삼국 이야기 중 가장 유명한 일화이다.

호북 양양 옛 융중

당양 장판파

건안 13년(208년) 7월, 조조가 형주를 정벌하기 위해 출정했다. 그해 8월, 유표가 병사하고 차남 유종劉琮이 작위를 이어받아 양양에 주둔했다. 9월, 조조군이 신야에 도착했다. 대군의 기세에 눌린 유종이 사신을 보내 투항할 뜻을 전했고 조조가 형주를 접수했다.

이때 번성을 지키고 있던 유비는 어쩔 수 없이 남쪽으로 이동했다. 일단 장강을 건넌 후 창오蒼梧 태수 오거吳巨에게 의탁할 계획이었다. 번성을 떠나 양양을 지날 때 제갈량이 유종을 공격하자고 제안했다. 유비는 유표에게 후사를 부탁받았던 처지라 제갈량의 제안을 거절했다. 오히려 유비는 이미 조조에게 투항한 유종에게 자신과 함께 떠나자고 제안했다. 유종은 조조가 두려워 유비의 제안을 거절했지만 형주의 많은 관리와 백성들이 유비를 따라나섰다.

당양을 지날 즈음 유비를 따르는 일행이 10만에 달하고 각종 물자를 실은 수레가 수천 대가 넘었다. 머릿수만 많았지 대부분 전투력이 없는 일반 백성이고 행군 속도가 느려 하루에 10리밖에 가지 못했다. 이때 비전투 인력이 너무 많아 조조군의 공격을 받으면 속수무책이니 최대한 빨리 이동해 강릉을 점령하자고 의견이 나왔다. 사실상 비전투 인력을 버리고 가자는 뜻이었다. 그러나 유비는 '큰일을 도모하려면 사람을 근본으로 삼아야 한다. 나를 의지하려 찾아온 사람들을 어찌 나 몰라라 하겠는가!'라고 꾸짖으며 바로 수백 척의 배에 먼저 관우와 사람들을 태워 보내고 강릉에서 만나기로 했다.

한편 조조는 유비의 목적지가 강릉임을 알고 그곳의 풍부한 물자를 뺏기지 않으려 무거운 수레를 버리고 기병 위주로 속도를 높였다. 어떻게든 유비가 강릉에 도착하기 전에 따라잡아야 했다. 양양에서 유비가 남쪽으로 이동 중이라는 소식을 듣고 기병 5천을 이끌고 매일 300리를 달린 끝에 당양 장판에서 드디어 유비군을 만났다.

조조군이 기세등등하게 몰려오자 유비는 또다시 처자식을 버리고 제갈량, 장비와 기병 20여 명만 데리고 다급하게 도망쳤다. 다행히 조운趙雲이 유비의 아들 유선劉禪을 품에 안고 감부인을 구했다.

조조군은 수많은 유비군 병사를 포로로 잡으며 대승을 거뒀다. 이외에 조조의 장수 조순曹純이 유비의 두 딸을 사로잡고 군수품도 모두 손에 넣었다. 조조는 기세를 몰아 계속 유비를 추격했다. 유비는 장비와 기병 20명에게 조조의 추격을 막으라고 명했다. 장판교 다리를 끊고 배수의 진을 친 장비는 강력한 조조군을 맞아 창을 휘두르며 눈을 부라리고 외쳤다.

"나는 장익덕이다! 누가 나와 겨뤄보겠느냐?"

조조군 병사들은 장비의 기세에 눌려 아무도 나서지 못했다.

당양에서 북쪽으로 30km 떨어진 장판은 저수沮水와 장수漳水가 합류하는 곳으로, 장비가 배수의 진을 치기 전에 끊은 다리가 바로 장판교이다.

장비가 시간을 벌어준 덕분에 유비 일행은 무사히 한진漢津에 도착했

당양 장판파 유적

다. 곧이어 관우 일행도 한진에 도착해 다 함께 한수를 건넜다. 얼마 뒤
유표의 장남 유기劉琦가 병사 만 명을 이끌고 유비에게 투항해왔다. 이들
일행은 천신만고 끝에 하구에 도착했다.

하구에 도착한 후, 관우는 예전에 허도에서 조조를 죽이자고 제안했
을 때 유비가 거절한 일이 떠올랐다.

"그때 허도 사냥터에서 내 말대로 했으면 이렇게 고생할 일이 없었을
것 아닙니까?"

유비는 관우의 불만을 가라앉히려 애써 해명했다.

"그때는 나라를 위해 그랬던 것이다. 만약 하늘이 공정하다면, 오늘의 고생이 전화위복이 되지 않겠느냐?"

조조가 나라의 기둥이라 생각해 죽이지 않았을 뿐 이런 결과는 전혀 예상하지 못했다는 변명과 오늘의 고난에 대한 보답이 꼭 이뤄지리라는 기대를 동시에 드러냈다.

훗날 많은 역사가들이 나라를 위해 조조를 죽이지 않았다고 말한 유비를 비난했다. 특히 배송지는 '당시 상황에서 유비가 정말 조조를 죽이려 했다면 유비도 무사하지 못했을 것이다. 나라를 위해서라는 말은 허울 좋은 변명일 뿐이다.'라고 했다. 결국 유비와 관우의 대화는 불안하고 답답한 마음에 별 뜻 없이 내뱉은 말일 것이다. 두 사람의 성향과 지난 행적으로 보아 관우는 조조를 죽일 생각이 없었을 것이고 유비는 조조를 한 나라의 충신이라고 생각하지 않았을 것이다. 따라서 배송지가 타당한 평가를 내린 셈이다.

유비가 정신없이 도망간 후 형주는 결국 조조의 차지가 됐다. 조조는 공신들에게 작위를 내려 천하통일의 기반이 될 전략 요충지 형주를 확실히 장악했다.

하구로 도망쳐 훗날을 도모하다

유비 삼형제는 그간 치러온 숱한 전투 중 가장 큰 패배를 맛보고 퇴각했다. 유비, 관우, 제갈량 모두 조조가 직접 대군을 이끌고 압박해오자 큰 위협을 느꼈다. 당시 조조군은 모든 면에서 유비군을 월등히 앞서는 매우 강력한 군대였다. 유종의 항복을 받아내고 번성, 양양, 강릉을 차례로 함락시키며 파죽지세로 강남의 전략 요충지 형주를 차지했다.

조조의 주요 목표가 유비였기 때문에 관우는 따로 수군을 이끌 때 큰 어려움 없이 순조롭게 이동할 수 있었다. 그러나 유비와 함께 퇴각할 때는 여러 번 조조의 장수들과 정면 대결을 펼쳐야 했다. 《삼국지》 기록에 따르면, 관우는 양양에서 악진樂進과 싸웠고 심구尋口에서 문빙文聘과 악진을 만났다. 한진에서 만총滿寵과 서황을 상대하는 동안 문빙이 관우의 군수품을 불태웠다. 문빙은 나중에 형성荊城에 나타나 관우의 배도 불태웠다.

퇴각하는 유비군은 정말 처참했지만 그중에서도 관우의 활약은 단연 빛났다. 이때 유비군은 퇴각이 목표였기 때문에 관우가 최선을 다해 정면 승부를 펼친 것은 아니었다. 그럼에도 불구하고 관우의 활약은 조조군에게 매우 위협적이었다. 후에 문빙이 심구에서 관우를 물리친 공을 인정받아 연수정후延壽亭侯에 봉해지고 토역장군討逆將軍이 된 것을 보면 관우의 존재감이 얼마나 컸는지 알 수 있다.

유비와 관우가 잠시 떨어져 있는 동안의 퇴각 과정을 비교해 보면 관우의 존재가 더욱 빛난다. 유비 일행은 조조군의 추격을 받는 내내 저항이 거의 없었다. 특히 유비가 처자식과 수많은 병사, 군수품을 버려둔 채 장수 몇 명만 데리고 정신없이 도망치자 조조군은 추격 자체가 아주 쉬워졌다. 이에 비해 수군을 이끌었던 관우는 강한 책임감을 바탕으로 조조군의 추격을 따돌리고 유비를 돕기 위해 끊임없이 저항을 이어갔다. 덕분에 유비는 한숨을 돌리고 무사히 철수할 시간을 벌었다.

관우가 이끈 수군은 유표가 죽은 후 넘겨 받은 형주군이었다. 이들은 관우와 함께 효과적으로 조조군에 저항했고 한진에서 유비 일행과 합류해 성공적으로 하구에 도착했다.

악진, 문빙, 서황, 만총은 조조 수하에서 이름난 장수들이다. 관우가 이들을 물리치고 유비와 함께 하구에 도착했다는 것은 곧 관우가 뛰어난 지휘력과 작전 능력을 갖춘 장군임을 보여준다. 관우는 이번 활약으로 안량을 죽인 이후 가장 인상적인 영웅의 면모를 과시했다.

8장

적벽 대전

조조, 유비, 손권의 대결

유비 삼형제는 하구에 도착해서야 겨우 한숨을 돌릴 수 있었다. 하지만 형주가 조조 손에 들어가면서 대세가 크게 기울었다.

그동안 유표는 형주의 안정적인 발전이 가장 중요하다고 생각해 먼저 전쟁을 일으키지 않고 방어 전략을 고수했다. 관도 대전 당시 원소가 같이 조조에 맞서자고 동맹을 제안했을 때도 최대한 회피했다. 동탁의 수하였던 장제張濟가 형주 변경을 약탈하다 빗나간 화살에 맞아 죽었을 때, 모두가 기뻐했지만 유표는 '주인으로서 손님을 제대로 대접하지 못해 싸움이 일어났으니 기뻐할 일이 아니라 애도해야 할 일이다.'라고 했다. 이처럼 유표가 최대한 전투를 피한 덕분에 형주는 한나라에서 가장 풍요로운 곳으로 소문이 자자해 전국의 사대부들이 몰려들었다.

그러나 형주의 평화는 잠시뿐이었다. 천하의 형세가 변하자 호시탐탐 형주를 노리던 세력이 서서히 움직이기 시작했다. 유표가 병사한 후 유종

이 형주를 물려받았으나 막강한 조조군이 몰려오자 바로 투항했다. 이로
써 형주의 안정은 깨지고 여러 세력이 형주를 둘러싼 힘겨루기를 시작했
다.

먼저 조조가 움직였다. 그는 아예 대놓고 형주를 노렸다. 중원의 주도
권을 쥔 조조는 천하를 통일하려면 일단 형주부터 얻어야 한다고 생각했
다. 원래 조조는 관도 대전 승리 후 기세를 몰아 곧장 남쪽으로 진격하려
고 했다. 그러나 모사 순욱荀彧이 원소의 잔당이 아직 남아 있다며 만류했
다.

"원소가 참패하고 무리가 흩어졌으니 여세를 몰아 원소 잔당을 완전
히 제거하고 기주를 확실히 점령해야 합니다. 당장 남쪽으로 군대를 돌리
면 원소가 기회를 틈타 다시 군대를 수습해 우리 후방을 공격할 수 있으
니 위험합니다."

순욱의 분석으로 보아 조조의 형주 공격은 정해진 수순이었다.

건안 8년(203년) 8월, 조조가 형주로 칼끝을 돌렸다. 서평西平을 지날
즈음 원소의 아들끼리 싸움이 났다는 소식이 들려왔다. 마침 원담袁譚이
도움을 요청해오자 잠시 형주 공격을 미루고 계획을 변경해 기주를 점령
했다.

건안 9년(204년), 순욱이 조조에게 이제 형주 공격을 준비하자고 제안
했다.

건안 12년(207년)에 오환烏桓을 점령해 북방을 통일하고 이듬해 정월부
터 남방 정벌을 위한 수군 훈련에 돌입했다.

건안 13년(208년) 7월, 승상에 오른 조조가 드디어 위풍당당하게 형주로 진격했다.

조조는 형주를 점령한 후 곧바로 손권에게 서신을 보냈다.

나는 황제의 명을 받고 반역을 진압하기 위해 대군을 이끌고 남정을 나섰소. 유종이 이미 순순히 항복했으니 이제 80만 수군을 이끌고 동오에서 장군과 겨뤄보려 하오.

조조의 서신은 선전포고나 다름없었다. 손권의 수하들은 거만하고 위협적인 서신에 깜짝 놀랐지만 손권에게는 먹히지 않았다. 오히려 손권과 유비가 손을 잡는 빌미를 제공함으로써 조조의 예상이 크게 빗나갔다.

형주를 노린 두 번째 주인공은 유비 세력이었다. 유비의 삼고초려를 받아들인 제갈량은 천하 정세를 치밀하게 분석하고 형주의 중요성을 강조했다. 일단 형주를 장악하고 서천西川까지 점령한 후 한나라 황실 부흥을 도모하는 큰 그림을 그렸다. 《삼국지·촉서·제갈량전》에서 이와 관련된 기록을 찾아볼 수 있다.

형주는 북으로 한수와 면수沔水가 흘러 남해의 물자를 모두 차지할 수 있고 동쪽으로 오회吳會, 서쪽으로 파촉과 통하는 길목이므로 군사력이 매우 중요합니다. 그러나 지금 주인이 형주를 지킬 힘이 없으니, 이는 하늘이 장군에게 내린 기회입니다. 장군은 이곳에 뜻이 있습니까? (중략) 형주와 익주를 차지하고 험한 지세를 이용해 지키고 서쪽 오랑캐와 화친하고 남쪽 오랑캐를 얌전히 달래십시오. 밖으로 손권과 동맹을 맺고 안으로 정사에 힘쓰다가 천하 정세에 변화가 생기면 바로 움직이십시오. 일단 형주군을 움직여 완성宛城과 낙양으로 위협하게 하고 장군이 직접 익주군을 지휘해 진천秦川으로 진군한다면 그곳 백성이 쌍수를 들어 환영하지 않겠습니까? 이렇게 되면 패업을 달성하고 한나라 황실을 부흥시킬 수 있을 깃입니다.

제갈량은 유비가 패업을 달성하고 한나라 황실을 부흥시키기 위한 첫 번째 목표로 군사 요충지 형주를 꼽았다. 특히 조조가 북방을 통일하면서 형주의 중요성이 커졌기 때문에 형주목 유표와의 관계에 더욱 신경 쓰도록 조언했다.

유비가 건안 6년(201년)에 유표에게 투항하고 건안 13년(208년)에 형주 쟁탈전의 중심에 서기까지 8년이 걸렸다. 유비는 형주에 의탁하는 동안 겉으로는 유표와 꽤 가깝게 지냈지만 실속은 없었다. 그래도 시간을 허투루 보내지 않고 은밀하게 군대를 모집하고 군사력을 키우며 기회를 노렸다. 하지만 규모가 워낙 작은 데다 눈에 띄지 않게 움직이느라 좀처럼 기회를 잡기 힘들었다. 이때 조조가 갑자기 형주를 공격해오고 유종이 바로 투항해버리는 바람에 유비는 일단 남쪽으로 도망칠 수밖에 없었다. 유비는 허겁지겁 도망치면서도 절대 이대로 무너질 수 없다고 다짐했다. 그래서 창오로 향하기 직전 생각지도 않게 만난 노숙魯肅이 손권과 동맹할 것을 제안하자 주저 없이 수락했다.

형주에 눈독을 들인 세 번째 세력은 손권이었다. 손견이 회계군會稽郡, 오군吳郡, 단양군丹陽郡, 예장군豫章郡, 여강군廬江郡, 여릉군廬陵郡 등 6군을 차지하면서 손씨 가문이 강동 전역을 장악했다. 계속해서 세력을 키워가던 중 손권이 전면에 등장하면서 형주에 이어 중원, 나아가 천하를 넘보기 시작했다.

노숙, 주유, 감녕甘寧 등 손권의 수하들이 한목소리로 형주를 도모해야 한다고 주장했다. 일찍이 손권을 만난 노숙은 다음과 같은 천하통일 전략을 제시했다.

"한나라 황실은 이미 가망이 없고 조조는 단기간에 무너트리기 힘들 것입니다. 우리는 강동을 굳건히 지키면서 기회를 노려야 합니다. 조조가 북방 군웅을 무너뜨리느라 정신이 없을 때 먼저 강하江夏의 황조黃祖를 무너뜨리고 형주의 유표를 공격한 후 강을 따라 서쪽으로 이동해 익주를 점령하면 천하를 얻게 될 것입니다."

주유의 의견도 비슷했다. 건안 7년(202년), 조조가 손권에게 아들을 인질로 보내라고 하자 주유가 결사반대하고 형주를 거론하며 천하통일 전략을 내놓았다.

감녕도 손권 수하에 들어가자마자 형주 공략을 제안했다.

"한나라 황실이 점점 기울고 있으니 머지않아 조조가 대권을 장악할 것입니다. 형주는 서부에서 지형 조건이 가장 좋은 땅입니다. 그에 비해 유표는 포부가 작고 그 아들 또한 변변치 못하니 가문의 영광을 이어가지 못할 것입니다. 조조가 움직이기 전에 서둘러 전략을 짜고 먼저 움직여야 합니다. 형주를 차지하려면 일단 어리석고 늙은 황조를 무너뜨리고 기세를 몰아 강을 따라 서쪽으로 이동하며 촉 땅까지 손에 넣어야 합니다."

이 의견에 전적으로 찬성한 손권은 곧바로 서쪽으로 진격했다. 그리고 건안 13년(208년), 황조를 무너뜨리고 형주 강하군을 점령하면서 형주 진출에 성공했다.

그해 8월, 유표가 죽자 노숙이 다시 형주 공략을 거론하며 유비와 동맹을 맺으라고 제안했다.

"형초 지역은 우리 동오와 접해 있고 밖으로 장강과 한수가 경계를 이루고 안으로 험준한 산과 견고한 성이 있습니다. 땅이 비옥해 물자가 풍요로우니, 이곳을 차지하면 천하통일 대업을 이루는 데 큰 도움이 될 것입니다. 지금 유표가 죽고 두 아들이 반목하는 상황이라 수하들이 뜻을 모으지 못하고 있습니다. 천하 효웅 유비가 조조에게 맞서려다 형주에 의탁했지만 그동안 유표는 유비의 세력을 견제하느라 중용하지 않았습니다. 만약 유비가 그들과 한뜻이라면 잘 구슬려 우호 관계를 맺고, 반대로 그들의 생각이 제각각이라면 우리의 대업을 이루기 위한 계획대로 밀고 나가면 됩니다."

여기에서 노숙은 세 가지를 지적했다.

첫째, 형주는 동오에서 가깝고 천연 요새라 할 만큼 지리 조건이 훌륭하고 땅이 비옥해 물자가 풍요롭다. 천하통일 대업을 이루기 위해 꼭 필요한 기반이다.

신이 된 영웅 관우

둘째, 유표가 죽고 두 아들이 대립하자 수하 장수들 역시 패가 나뉘었으니 형주를 차지할 절호의 기회이다.

셋째, 유비는 천하의 영웅으로 조조에 맞서려다 유표에게 의탁했지만, 유표는 그를 경계하느라 중용하지 않았다. 유비와 형주 세력이 한뜻이라면 동맹을 맺어 함께 조조에 맞서고, 유비와 형주 세력의 뜻이 다르다면 무력으로 형주를 점령한 후 천하통일 대업을 도모하면 된다.

노숙은 본인이 동오를 대표해 조문을 하러 형주에 가겠다고 했다. 유표의 장수들을 직접 만나 의중을 확인하며 물밑 작업을 한 후에 유비에게 유표의 장수들을 설득한 다음 함께 조조에 대항하자고 제안할 생각이었다.

이 계획이 성공한다면 순조롭게 천하통일 대업을 이룰 수 있을 터였다. 다만, 조조에게 선수를 빼앗기지 않도록 서둘러야 했다. 손권은 이 의견에 크게 공감하며 즉시 노숙을 형주에 파견했다. 그러나 역시 한발 늦었다. 노숙이 하구에 도착했을 때는 이미 조조가 형주를 장악하고 유종의 항복을 받아낸 후였다.

최고의 모사였던 노숙과 제갈량이 비슷한 전략을 세운 것으로 보아 형주는 확실히 장점이 많은 곳이었다. 조조에게 투항하자는 의견이 탐탁지 않았던 손권은 노숙의 제안에 따라 유비와 연합하기로 결심하고 주유와 정보程普를 하구로 보냈다.

결국 위, 촉, 오 모두 전략적 요충지 형주를 얻기 위해 치열한 쟁탈전을 벌였다. 각 방향에서 형주 외곽 요지를 공격하며 호시탐탐 형주를 노렸다. 만반의 준비를 갖추고 기다리다가 틈이 엿보이면 단숨에 형주를 차지할 수 있도록 맹공을 퍼부을 계획이었다. 가장 먼저 기회를 잡은 쪽은 조조였다. 조조가 순식간에 형주를 점령하자 유비는 어쩔 수 없이 남쪽으로 도망쳐야 했다. 조조가 형주를 차지함으로써 천하의 세력 균형이 점차 조조에게 기울었다. 이에 유비와 손권이 동맹을 맺었고 적벽 대전 이후 10년 가까이 형주 쟁탈전이 이어졌다.

조조는 거침없이 진격해 강릉까지 차지했고 계속 유비를 뒤쫓으며 궁지에 몰아넣었다. 이 때문에 손권이 더욱 위협을 느껴 유비 세력과 함께 조조를 상대할 방법을 강구하기 위해 노숙을 보냈다. 후에 유비도 제갈량을 강동에 보내 손권의 뜻을 파악했다. 당시 동오는 조조에 맞서자는 주전파와 투항하자는 주화파의 대립이 치열했지만 결국 제갈량의 치밀한 분석에 동의하며 동맹에 합의했다. 형주를 둘러싼 삼자 대결 구도는 손권과 유비의 동맹으로 일단락되었다.

적벽의 횃불

유비는 창오 태수 오거에게 의탁하려 남쪽으로 이동하던 중 당양 장판 부근에서 노숙을 만났다. 달리 방법이 없었던 유비는 노숙의 제안을 듣고 바로 수락했다. 노숙의 의견에 따라 전략 요충지 악현鄂縣 번구樊口에 자리를 잡고 일단 제갈량을 보내 손권을 만나도록 했다.

신이 된 영웅 관우

이로써 손권은 형주 공략에 한발 늦기는 했지만 상황을 안정시켜 전략적으로 강력한 조조군에 맞설 수 있게 되었다. 유비 세력이 크게 꺾인 상황이지만 조금이나마 병력을 유지하고 있으니 유비와 동맹을 맺으면 조조군과 싸울 때 어느 정도 보탬이 되었다. 특히 유비군을 선봉에 배치할 수 있으니 여러 모로 좋은 점이 많았다. 실제로 유비군은 번구에 주둔하면서 적벽 대전의 승패를 가르는 중요한 역할을 했다.

얼마 뒤 조조의 서신을 받은 손권 세력은 큰 충격에 빠졌다. 조조에게 투항하자는 목소리가 많았지만 노숙과 주유는 크게 두려워할 필요는 없다고 판단했다. 조조가 80만 수군이라고 떠들었지만 실제 전투 인원은 10만에 불과했고, 유표 수하에 있던 병력 8만을 더해도 크게 문제될 것이 없었다. 주유는 군사 5만이면 충분히 조조를 물리칠 수 있다며 정면 승부를 주장했다. 이에 손권은 주유에게 일단 3만으로 조조를 막으라고 명했다.

건안 13년(208년) 12월, 주유와 정보가 이끄는 동오 수군과 유비군이 조조 대군에 맞서려 나섰다. 조조는 파구巴丘까지 남하한 후 강을 따라 동쪽으로 이동하다가 적벽에서 손권–유비 연합군을 만났다. 양측은 이곳에서 얼마간 대치했다. 주유의 부장 황개黃蓋가 투항하는 척하며 배 수십 척을 이끌고 장강 북쪽에 정박해 있는 조조군 군선에 가까이 다가가 재빨리 불을 붙였다. 불길이 바람을 타고 크게 번져 수많은 조조군 군선을 순식간에 불태웠다.

화공에 참패한 조조는 남은 군선을 모두 불태운 후 병사들을 수습해

적벽 대전 유적

걸어서 남군으로 퇴각했다. 그러나 화용도 진흙 길에서 미끄러진 말에 밟혀 죽은 병사가 부지기수이고 거대한 늪지대를 지날 때 자욱한 안개가 끼어 길을 잃기도 했다. 천신만고 끝에 퇴각한 조조는 조인에게 강릉 수비를 맡기고 허도로 돌아갔다.

적벽 대전은 손권-유비 연합군이 수적 열세를 극복하고 조조군을 물리치면서 세력 판도를 크게 바꿔 놓았다. 참패를 맛본 조조는 천하통일을 향한 발걸음을 멈췄고, 강동을 장악한 손권의 세력은 더욱 강해졌다. 하지만 적벽 대전의 최대 수혜자는 유비였다. 이리저리 쫓겨 다니는 떠돌이 신세를 벗어나 드디어 형주라는 꽤 넓은 영토를 차지한 것이다. 이로써 위, 촉, 오, 삼분천하 구도가 형성됐다.

그렇다면 관우는 적벽에서 어떤 일이 있었을까? 《오서》를 인용한 배송지의 《삼국지주해본·노숙전》 기록에 따르면 관우가 노숙과 형주 귀속 문제를 따질 때 이렇게 말했다고 한다.

"좌장군 유비, 유 장군도 이번 전투에 참가했소. 자면서도 갑옷을 벗지 않고 손 장군과 한마음으로 조조를 물리치느라 고생했는데 어찌 땅 한 조각 나눠주지 않으려 하시오? 어떻게 형주까지 가져가려는 것이오?"

유비까지 직접 전투에 나섰는데 땅을 나눠 받지 못하자 형주를 절대 양보할 수 없다고 엄포를 놓은 것이다.

배송지가 《강표전》을 인용한 《삼국지주해본·선주전》은 '유비는 주유가 조조를 이기지 못할 수도 있다고 생각해 주유에게 지휘권을 넘기지 않고 관우, 장비와 함께 직접 2천 병력을 통솔했다. 아마도 만약에 대비해 퇴로를 확보하려는 생각이었을 것이다.'라고 기록했다. 유비 삼형제가 2천 병력을 이끌고 적벽 대전에 나섰지만 주유의 지휘를 받지 않았다는 뜻이다. 특히 주유가 조조를 이기리라는 믿음이 없었기 때문에 여차하면 2천 병력을 이끌고 도망칠 생각이었던 것이다.

| 참고자료 | 두 개의 적벽

적벽 대전은 장강 중류 남쪽 적벽산 아래에서 일어났다.

800여 년 후 송나라 신종神宗 원풍元豐 3년(1080년), 시인이자 정치가였던 소식이 오대시烏台詩 사건으로 쫓겨나 황주黃州에 갔다. 장강 연안 황

호북성 적벽 대전 유적지

신이 된 영웅 관우

주는 실제 적벽 대전이 일어난 곳에서 약 200km 떨어져 있다. 그런데 황주 인근 장강 연안에도 깎아지른 붉은색 절벽이 있어 적벽이라 불렀다.

소식은 황주 적벽에서 드넓은 장강을 바라보며 수많은 시상을 떠올렸다. 평소 잔잔하게 물결을 일으키다가 때때로 힘차게 절벽을 때리며 강한 물보라를 일으키는 강물을 자신의 처지와 연결시켜 많은 문학 작품을 남겼다. 특히 이곳이 적벽 대전 격전지라고 생각하며 지은 《염노교念奴嬌 · 적벽회고赤壁懷古》, 《전적벽부》前赤壁賦, 《후적벽부》后赤壁賦와 같은 작품은 명작 중의 명작으로 손꼽힌다.

후대 사람들은 소식이 작품을 쓴 적벽과 실제 적벽 대전이 일어난 적벽을 구분하기 위해 황주 적벽을 동파적벽東坡赤壁, 황주적벽黃州赤壁, 문

호북성 황주의 동파 적벽

적벽文赤壁이라고 불렀다.

그러나 오랜 세월이 흐르는 동안 물줄기가 바뀌어 동파적벽은 현재 장강에서 2km 가까이 멀어져서 소식이 봤던 장관은 더 이상 존재하지 않는다. 황주 사람들은 중국 역사에 손꼽히는 대문호 소식을 기리는 마음으로 동파적벽 곳곳에 정자와 누각을 세웠다. 이는 소식에 대한 존경이자 전통문화 계승에 대한 의지이기도 했다.

화용도에서 조조를 놓아주다

적벽에서 참패한 조조가 남은 병사를 이끌고 퇴각하다 화용도를 지날 때 악천후를 만났다. 폭풍우가 쏟아져 온통 진흙탕이 되어버린 길을 지나기가 힘들어지자 지친 병사들을 시켜 바닥에 잡초를 깔고 말이 지나가도록 했다. 이때 진흙탕에서 빠져나오지 못하고 어지러운 말발굽에 밟혀 죽거나 다친 병사가 부지기수였다.

한편 조조는 화용도를 지날 때 슬퍼하기는커녕 흥분을 감추지 못했다. 수하 장수가 왜 그렇게 기뻐하느냐 묻자 이렇게 대답했다.

"유비의 군사 지휘 능력은 나와 비슷하지만 계략 면에서는 확실히 한 수 아래다. 우리가 이 길로 지나갈 줄 전혀 예상 못했으니 말이야. 만약 미리 예상해 이곳에 불을 질러 퇴로를 막았다면 우린 모두 불에 타 죽었을 것이다."

조조는 유비가 화용도에 병력을 배치하지 않아 운 좋게 도망칠 수 있었다고 생각했다. 사실 유비도 같은 생각을 하고 화용도에 불을 지르러 갔지만 한발 늦는 바람에 조조가 빠져나간 것이었다. 조조가 퇴각할 때 유비는 육로로, 주유는 물길로 바짝 추격해 남군까지 갔다.

유비가 한발 늦는 바람에 조조가 운 좋게 화용도를 빠져나갔다고 보는 것이 가장 합리적이다. 하지만《삼국연의》의 조조는 운이 좋지 못했다. 다음은 50회 '관운장이 의리로 조조를 풀어주다.' 중의 일부이다.

조조가 진흙 길을 벗어나 의기양양할 때 갑자기 포성이 울리더니 관우가 나타나 앞을 가로막았다. 조조군이 혼비백산하여 서로의 얼굴을 쳐다봤다. 조조가 말을 타고 다가가 몇 마디 하자 관우가 지난날 조조의 은혜를 떠올리고 길을 내주었다. 조조의 은혜와 다섯 관문을 지나며 여섯 장수를 죽인 일을 떠올린 관우는 마음이 흔들릴 수밖에 없었다. 게다가 겁에 질려 눈물 흘리는 조조군 병사들을 보니 측은한 마음이 들어 말머리를 돌리며 부하들에게 길을 비켜주라 말했다. 조조를 놓아주겠다는 뜻이었다.

조조와 부하들은 부리나케 도망쳐 겨우 죽을 고비를 넘겼다.

적벽 대전은 수적 열세를 극복한 손권–유비 연합군의 승리, 조조군의 참패로 막을 내렸다. 이 전투는 역사적으로 큰 영향을 끼쳐 훗날 삼국 관련 이야기에서 절대 빠질 수 없는 일화가 되었다. 그러나 후대 삼국 이

화용도 옛길

야기는 대부분 유비를 옹호하고 조조를 비난하는 입장이기 때문에 적벽
대전도 손권-유비 연합군 중심으로 서술된 경우가 많다. 특히 화용도 일
화는 의리와 은혜를 잊지 않고 조조를 풀어주는 장면을 부각시켜 관우의
인덕을 더 크게 강조했다.

신이 된 영웅 관우

강남에서 입지를 다지다

조조는 적벽 대전 참패 후 조인과 서황에게 강릉을, 악진에게 양양을 지키라고 명하고 강북으로 돌아갔다.

적벽 대전의 최대 수혜자인 유비는 공을 세운 부하들에게 관직을 내렸다. 먼저 관우를 양양 태수, 탕구장군盪寇將軍에 봉해 강북에 주둔하도록 했다. 관우는 명목상 양양 태수에 봉해졌지만 사실상 양양이 조조의 땅이었기 때문에 양양 태수는 이름뿐이고 실제로는 강릉에 주둔했다. 다음으로 유기를 형주 자사에 임명해 무릉武陵, 장사, 계양, 영릉 4군을 토벌하도록 명했다. 소식을 들은 무릉 태수 김선金旋, 장사 태수 한현韓玄, 계양 태수 조범趙范, 영릉 태수 유도劉度가 순순히 투항해왔다. 그리고 제갈량을 군사중랑장軍師中郎將으로 임명해 영릉, 계양, 장사 3군 감독을 맡기고 세금을 거둬 군수물자를 공급하게 했다. 편장군 조운은 계양 태수가 됐다.

형주는 적벽 대전 이후 결국 셋으로 쪼개졌다. 조조가 남양과 양양 부근을 차지하고 유비는 공안公安을 거점으로 남군, 장사, 영릉 일대에 주둔하고 손권은 강하를 점령했다.

유비가 많은 땅을 얻어 기반을 다지고 있을 때 조조의 장수 조인과 손권의 장수 감녕은 이릉夷陵에서 전투를 벌였다. 원래 이릉에 주둔하고 있던 감녕의 병사는 기존 수백 명에 새로 모집한 병사를 합해도 겨우 천 명이었다. 반면 수적으로 훨씬 우세한 조인의 군대는 5천 병력으로 이릉을 포위하고 성벽 가까이에 높은 누대를 세운 후 화살 공격을 비롯해 쉴

새 없이 맹공을 퍼부었다. 감녕은 겁에 질린 병사들과 달리 침착함을 유지하며 서둘러 사람을 보내 주유에게 지원을 요청했다.

그러나 주유와 정보는 군대를 나눌 만큼 병사가 넉넉하지 않아 감녕을 돕기 어렵다고 판단했다. 이때 여몽이 나서서 이렇게 제안했다.

"능통凌統 장군만 남겨놓고 저와 두 장군은 감녕 장군을 도우러 가시지요. 이릉 포위를 풀려면 어차피 속전속결해야 하니 오래 걸리지 않을 것입니다. 능통 장군이 분명히 열흘은 버틸 수 있을 것입니다. 그리고 병사 3백 명을 보내 미리 통나무로 길을 막아두면 적이 도망칠 때 군마를 뺏을 수 있습니다."

주유가 여몽의 제안을 받아들여 곧바로 이릉으로 달려가 조조군을 공격했다. 기습을 당한 조조군은 어둠을 틈타 도망치다가 통나무에 막힌 길 앞에서 말을 버리고 걷기 시작했다. 주유는 조조군을 바짝 뒤쫓으며 맹공을 퍼붓고 마지막에 군마 3백 필을 거둬들였다.

병력을 보강한 주유는 기세를 몰아 강을 건너 조인을 공격하기로 하고 유비와 함께 나섰다. 일단 주유가 강릉에서 조인을 포위하고 관우에게 조조군의 북쪽 퇴각로를 끊도록 했다. 수세에 몰린 조인은 어쩔 수 없이 강릉을 포기하고 철수했다. 이렇게 동오가 남군을 차지하면서 형주가 안정을 되찾았다.

손권은 여기에서 멈추지 않고 직접 합비合肥를 포위하고 구강九江의 당도當塗를 공격하라고 장합을 보냈다. 그러나 예상과 달리 한 달이 넘도록 합비를 점령하지 못했고 장소도 고전했다. 형주에서 퇴각한 조조가 합비를 지원하기 위해 장희張喜의 기병 군대를 파견했다는 소식이 전해지자 손권은 바로 철수했다.

건안 14년(209년), 남군 태수에 부임해 강릉에 주둔한 주유가 유비에게 영릉, 계양, 무릉, 장사 4군 등 장강 남쪽 형주 땅을 내주었다. 유비는 유강구油江口에 자리 잡고 이곳 지명을 공안으로 바꾸고 얼마 뒤 유기가 병사하자 형주목 지위를 이어받았다. 유비가 다시 형주로 돌아오자 유표의 옛 수하들이 조조에게 등을 돌리고 유비에게 투항했다.

건안 15년(210년), 유비는 주유가 내준 영토가 너무 좁아 백성을 정착시키기 힘들다는 이유로 경구京口에서 직접 손권을 만나 기존 영토 외에 장강과 한수 일대 4군을 포함해 총 8군을 요구했다. 이 제안에 결사반대하던 주유가 병사한 후 군대를 넘겨받은 노숙이 유비의 요구를 수락하고 같이 조조에 대항하자고 손권을 설득했다. 이렇게 해서 유비는 원하던 대로 세력 기반을 넓힐 수 있었다. 당시 조조는 유비가 형주 8군을 받아냈다는 소식을 듣고 너무 놀라 쥐고 있던 붓을 떨어트렸다고 한다.

이로써 그동안 이리저리 쫓겨 다니며 남에게 신세 지기 일쑤였던 유비가 드디어 강남에서 입지를 다지고 향후 서천 공략을 위한 발판을 마련했다.

|참고자료| 관우의 전장사戰長沙(장사 전투) 유래

삼국 관련 이야기와 전통 희곡 중 '전장사' 혹은 '의리로 황충黃忠을 놓아주다.'라고 하는 유명한 일화가 있다. 관우와 훗날 촉나라 명장이 된 황충의 대결을 다룬 이야기로 《삼국연의》 53회 '관우가 황충을 의리로 풀어주다.'에 해당하는 내용이다.

황충은 원래 장사 태수 한현의 장수였다. 유비가 형주를 차지한 후 관우에게 장사를 공격하라고 명하자 한현은 황충을 출전시켰다. 관우는 도망가는 척하다가 갑자기 돌아서서 반격하는 타도계拖刀計를 쓰려 했으나 말이 발을 헛딛는 바람에 바닥에 고꾸라진 황충을 손쉽게 사로잡았다. 관우가 다른 말을 타고 와서 다시 제대로 싸우자며 풀어주자 황충이 크게 감동했다.

두 사람은 다음날 다시 맞붙었다. 황충은 100보 떨어진 버들잎을 맞출 만큼 활 솜씨가 뛰어났지만 전날 살려준 은혜를 갚기 위해 관우의 목이 아니라 투구 끈을 쏘았다. 한현은 일부러 관우를 살려준 황충이 자신을 배신했다고 생각해 죽이려고 했다. 마침 군량을 운반해온 위연魏延이 한현을 죽이고 황충과 함께 유비에게 투항했다.

사실 이 이야기는 허구이다. 《삼국지·황충전》黃忠傳 기록에 따르면, 황충은 유표의 중랑장으로 유표의 조카 유반劉磐과 유비가 4군을 차지할 때까지 장사군 유현攸縣 수비를 담당했다. 그 후 장사 태수 한현을 물리친 유비에게 투항해 함께 익주로 갔다. 《삼국지·황충전》은 황충과 한현, 황충과 관우의 관계에 대해 전혀 언급한 바 없고 유비가 장사를 공격할 때 관우도 참여했는지도 기록하지 않았다.

관우와 황충의 전투 장면이 처음 등장한 문학 작품은 원나라 시대 잡

신이 된 영웅 관우

극 〈주봉추방약사군〉走鳳雛龐掠四郡과 화본소설《삼국지평화》이다. 그러나 두 작품에서는 승부가 나지 않아 나중에 제갈량이 황충을 설득해 항복을 받아냈다. 명나라에 이르러 관우와 황충의 전투 일화가 완성되었고, 특히《삼국연의》는 관우 중심으로 흥미진진한 이야기를 만들어 냈다. 이후 이 이야기가 민간에 널리 퍼져 대표적인 삼국 일화로 손꼽히게 됐고, 오늘날 유행가처럼 대중의 입에 오르내렸다. 가장 대표적인 경극 작품으로 〈창검보〉唱臉譜가 있다.

푸른 얼굴 두이돈은 황제의 말을 훔치고, 藍臉的竇爾墩盜御馬

붉은 얼굴 관공은 장사에서 싸우네. 紅臉的關公戰長沙

노란 얼굴 전위, 黃臉的典韋

하얀 얼굴 조조, 白臉的曹操

검은 얼굴 장비가 소리치네! 黑臉的張飛叫喳喳

9장

형주의 영웅

홀로 형주를 지키다

유비 세력은 관우가 강릉에, 유비가 잔릉^{屛陵}에, 장비가 자귀^{秭歸}에, 제 갈량이 남군에 주둔해 다각도로 상대를 견제하는 전술로 동오의 손권을 예의주시하고 서쪽 땅 익주를 노렸다.

건안 16년(211년), 익주목 유장^{劉璋}이 조조의 장수 종요^{鍾繇}가 한중의 장 노를 토벌한다는 소식을 듣고 불안해하자, 별가종사 장송^{張松}이 유비를 끌 어들이자고 제안했다. 이에 유장은 법정^{法正}에게 군대 4천을 내주고 후한 선물을 준비해 유비를 맞으라고 명했다.

유비는 원래 익주를 노렸던 터라 유장의 제안이 매우 반가웠다. 법정 을 만난 유비는 이번 기회에 익주의 지리, 지형, 무기, 식량, 인구, 중요 요 새 위치와 거리 등을 자세히 물었다. 유비 편에 서기로 한 법정과 장송은 모든 정보를 알려주고 지도까지 내주며 익주를 차지할 전략을 제시했다. 덕분에 유비는 익주를 손바닥 보듯 훤하게 파악했다.

형주 관제묘

　사실 장송의 배신에는 이유가 있었다. 건안 13년(208년)에 조조가 형
주를 공격하자 유장이 바로 장송을 사신으로 보내 예를 취하며 투항의
뜻을 밝혔다. 이때 조조는 상소를 올려 유장을 진위장군振威將軍에 임명했
지만 장송은 제대로 대우하지 않았다. 이에 불만을 품었던 장송이 조조
에게 등을 돌리고 유비와 손잡으라고 유장을 설득한 것이다. 이에 유비는
형주를 제갈량과 관우에게 맡긴 후 수만 병사를 이끌고 익주에 입성했다.

　건안 17년(212년) 10월, 조조의 공격을 받은 손권이 유비에게 도움을
요청했다. 이때 관우는 양양 서북쪽 30리 거리에 있는 청니하青泥河에서
조조의 장수 악진과 싸우다 퇴각하는 중이었다. 유비는 관우와 손권을

지원하기 위해 유장에게 군사 1만 명과 대량의 군수물자를 요청했다. 그러나 유장은 유비가 요구한 군수물자의 절반과 군사 4천만 제공했다. 이미 익주 경내에서 기반을 다지며 군사력을 크게 강화한 유비는 대놓고 불만을 드러내며 유장과 정면충돌했다.

상황이 격화되자 유비가 제갈량, 장비, 조운을 불러들였다. 이들은 익주로 가는 도중에 백제, 강주江州, 강양江陽을 점령했다. 유비 세력이 대부분 익주로 이동한 후, 홀로 형주를 지키던 관우는 도독형주사都督荊州事가 됐다. 관우는 홀로 형주를 사수하는 막중한 책임을 짊어진 채 또 한 번 빛나는 인생 역정을 만들어냈다.

| 참고자료 | **전략 요충지 형주**

형주는 오늘날 호북성을 통과하는 장강 중류에 위치한다. 서한 무제 때 설치한 13자사 중 하나로, 원래 감찰 구역이었다가 동한 말 행정 구역으로 바뀌었다. 동한 때는 남양군, 남군, 강하군, 장사군, 계양군, 무릉군, 영릉군 등 7군이 있었다. 삼국 시대 들어 위나라가 남양군을 의양군義陽郡과 남향군南鄉郡으로 나눴고, 이후에도 혼란기마다 관할 구역과 명칭이 수시로 바뀌었다.

현재 하남성, 호북성, 호남성 경계에 걸쳐 있는 형주는 당시 중원에서 강남으로 가는 길목이자 동서를 연결하는 교통 중심지였다. 또한 지리적 위치가 뛰어나고 자원이 풍부해 역사상 많은 군사전략가가 눈독을

형주 고성

들인 전략적 요충지였다.

동한 말기 유표가 형주 자사에 부임한 것은 초평 원년(190년)이었다. 전란이 끊이지 않아 매우 혼란스러웠지만 양양 사대부 괴량蒯良, 괴월蒯越, 채모蔡瑁의 도움으로 점차 상황을 안정시키고 양양으로 관부를 옮겨 20년간 형주의 번영을 이끌었다. 유표는 줄곧 방어 전략을 고수해 10만 군대가 있었음에도 먼저 전쟁을 일으킨 일이 없었다. 덕분에 형주는 한나라에서 가장 풍요로운 곳으로 널리 알려져 각지의 사대부가 몰려들었다.

이처럼 물리적 조건이 뛰어나고 우수한 인재가 넘쳐나니 형주를 노리는 군벌이 한둘이 아니었다. 적벽 대전 이후 형주 쟁탈전 양상이 크게 바뀌는 바람에 홀로 형주를 지킨 관우의 활약이 더욱 빛을 발하게 됐다.

드높아지는 관우의 명망

관우는 홀로 형주를 지키며 인생의 황금기를 보내고 일평생 충성을 바친 촉나라를 위해 비장한 최후를 맞이했다. 당시 관우의 자신감과 기개는 이미 웬만한 군웅을 능가했고, 결과적으로 삼국 시대를 풍미한 영웅호걸의 수준을 뛰어넘어 중국 역사상 가장 빛나는 영웅이 되었다.

건안 19년(214년), 낙성雒城을 함락한 유비가 성도成都까지 포위하자 유장이 더 이상 버티지 못하고 항복했다. 익주목이 됐을 때 유비 주위에는 이미 많은 인재가 모였다.《삼국지·선주전》은 이렇게 기록했다.

> 유비는 제갈량을 고굉股肱(가장 신임하는 중신), 법정을 주主모사, 관우·장비·마초馬超를 조아爪牙(임금을 호위하는 호위나 맹장), 허정許靖·미축·간옹簡雍을 빈우賓友로 대우했다. 또한 유장의 옛 수하 동화董和, 황권黃權, 이엄李嚴, 유장의 인척 오일吳壹과 비관費觀, 유장이 배척했던 팽양彭羕, 유비를 따르지 않으려 했던 유파劉巴에게 모두 관직을 내려 능력을 발휘하도록 했다. 뜻이 있는 자 중 노력하지 않는 이가 없었다.

배송지는《부자》博子를 인용한《삼국지주해본·선주전》에 위나라 승상연초相掾 조전趙戩과 징사徵士(조정에 초빙된 선비) 부간傅乾의 대화를 기록했다.

조전이 유비가 촉을 공격한다는 소식을 듣고 이렇게 말했다.

"유비는 할 수 있는 것이 아무것도 없소. 용병술에 서툴러 싸울 때마다 늘 도망 다니느라 바쁜데, 다른 사람의 땅을 차지할 능력이 어디 있겠소? 촉이 비록 땅은 작지만, 사방이 험준해 수비에 유리하기 때문에 혼자서도 충분히 지킬 수 있는 곳이오. 유비 능력으로는 그 땅을 차지하기 어려울 것이오."

하지만 부간이 이렇게 반박했다.

"유비는 어질고 관대하며, 그 곁에 죽음을 불사하며 충성하는 부하들이 있습니다. 제갈량은 모든 이치에 통달해 지략이 뛰어나고 임기응변에 능하며 항상 올곧은 태도로 승상이 됐습니다. 유비의 대표 장수 관우와 장비는 의리와 용맹으로 능히 만 명을 대적할 수 있는 인재입니다. 천하의 호걸이라 할 이 세 사람이 유비의 책략대로 움직인다면 못할 일이 어디 있겠습니까?"

이 기록, 특히 마지막 부간의 말을 통해 당시 세 사람에 대한 평가가 어느 정도였는지 알 수 있다.

《오서》기록 중에 동오 장수 여몽이 육손陸遜에게 형주를 지키는 관우를 언급하는 내용이 있다.

신이 된 영웅 관우

낙양 관림 관공상

"관우는 원래 대적하기 힘들었는데, 은덕과 신의를 실천하며 형주를 완전히 장악한 데다 그동안 연이어 전공을 세우며 기백과 용맹이 더욱 강해져 쉽게 공략할 수가 없습니다."

여몽의 평가를 통해 관우가 형주를 지키는 동안 훌륭한 명망을 쌓음으로써 촉나라 건국에 긍정적인 여건을 마련했음을 알 수 있다.

이후 유비는 형주를 기반으로 익주까지 세력을 확장해 촉나라 건국의 기초를 다졌고 관우는 촉나라의 동쪽 관문을 지키는 장수로서 매우 중요한 역할을 담당했다. 관우에게 형주를 맡겼다는 것 자체가 탁월한 능력과 강한 믿음을 의미한다.

물론 관우가 형주를 지키는 동안 완벽했던 것은 아니다. 기본적으로 정치에 적합하지 않은 성격 탓에 적잖은 문제를 일으켰다.

가장 큰 문제는 관우가 종종 다른 장수들을 무시하는 것이었다. 유비가 성도를 포위했을 때, 은밀히 투항 서신을 보냈던 마초가 유비 진영에 합류하자 성도 전체가 혼란에 빠져 며칠 후 유장 세력이 무너졌다. 마초의 실력과 영향력을 알 수 있는 대목이다. 멀리 형주에서 마초가 대단하다는 소식을 들은 관우는 제갈량에게 서신을 보내 마초의 능력을 누구와 견줄 수 있는지 물었다. 제갈량은 관우의 생각을 눈치채고 이렇게 대답했다.

"마초는 문무를 겸비하고 의지가 굳은 호걸이니, 지난날 고조의 장수 경포

黥布와 팽월彭越처럼 용맹한 익덕과 어깨를 나란히 할 수 있겠으나 운장과는 비교할 수 없습니다."

관우가 무척 기뻐하며 주위 사람에게 서신을 보여줬다. 이러한 관우의 행동은 전략적 요충지를 책임지는 장수답지 않게 너무나 경솔하고 옹졸한 단점을 고스란히 드러냈다.

배송지가 《산양공재기》山陽公載記를 인용한 《삼국지주해본·마초전》에도 비슷한 일화가 있다.

마초는 유비가 크게 호의를 베풀고 격의 없이 대하자 유비와 가까워졌다고 생각해 은연중에 자字를 부르곤 했다. 이것을 본 관우가 마초를 죽여야 한다며 불같이 화를 냈지만 유비가 자를 불렀다는 이유로 부하를 죽이면 세상 사람들이 뭐라고 하겠느냐며 반대했다. 대신 마초에게 예의를 가르쳐야 한다는 장비의 의견에는 동의했다.

다음날, 유비가 회의 자리에 마초를 불렀다. 마초는 관우와 장비가 자리에 앉지 않고 칼을 든 채 유비 곁에 서 있는 것을 보고 깜짝 놀랐다. 두 사람의 태도가 무슨 뜻인지 바로 깨닫고 두 번 다시 유비의 자를 입에 올리지 않았다. 마초는 "내가 왜 실패했는지 이제 알겠군. 감히 주군의 자를 함부로 부르다니. 어리석음 때문에 하마터면 관우와 장비 손에 죽을 뻔했구나."라고 탄식하고 이후로 유비에게 매우 공손히 대했다.

물론 이 일화는 아직 진위 여부가 명확하지 않아 많은 역사가들이 의문을 제기하고 있다. 그중 한 명인 배송지는 네 가지 근거를 들어 이 일화가 허구라고 주장했다.

첫째, 마초가 과연 투항한 자신에게 작위를 내린 새로운 주군 유비의 자를 함부로 부를 만큼 어리석었을까?

둘째, 유비가 익주에 입성했을 때 관우는 아직 형주를 지키고 있었다. 제갈량에게 서신으로 투항한 마초가 어떤 인물이냐고 물었으니 장비와 함께 칼을 들고 유비 옆에 서 있을 수 없다.

셋째, 한 사람의 태도와 행동은 그 사람의 사고에서 기인한다. 기본적으로 하지 말아야 할 행동이라고 생각하면 하지 않는다. 따라서 마초가 정말 유비의 자를 불렀다면 그래도 된다고 판단했기 때문일 것이다.

넷째, 설사 관우가 그 자리에서 정말 마초를 죽이자고 했더라도 유비와 한 말이므로 마초가 알 수 없었을 것이다. 따라서 칼을 들고 서 있는 관우와 장비를 보고 자신이 유비의 자를 불러서 위협한다는 생각도, 하마터면 죽을 뻔했다는 말도 할 수 없었을 것이다.

이상으로 보아 이 일화는 해당 저자가 명확한 근거 없이 기록한 것이므로 신빙성이 떨어진다. 진위 여부를 떠나 이 이야기는 거만하고 자존심 강한 관우가 존경하고 우러러본 사람은 유비뿐이었음을 명확히 보여준다.

관우의 자존심은 제갈량도 무시할 수 없었다.《삼국지·황충전》기록에 따르면, 건안 24년(219년)에 한중왕이 된 유비가 황충을 후장군後將軍에 임명하려 했는데 제갈량이 관우의 반응을 고려해 보류하도록 했다고 한다.

이런 관우의 성격과 태도는 훗날 실패의 화근이 되었다.

단도부회 單刀赴會 (칼 한 자루만 차고 적의 초대에 응하다)

관우가 형주를 굳건히 지켰지만 그곳은 누구나 탐을 내는 요충지였다. 때문에 촉나라와 오나라 간 쟁탈전이 끊이지 않았다.

건안 20년(215년), 손권이 제갈근 諸葛瑾을 보내 익주를 얻었으니 형주를 돌려달라고 요구했다. 그러자 유비는 일단 양주를 공격해야 하니 성공하면 돌려주겠다고 핑계를 댔다. 손권은 유비가 형주를 돌려주지 않으려고 핑계를 대며 시간을 끄는 것이라고 생각해 크게 분노했다. 이에 손권이 기다리라는 유비의 말을 무시하고 일방적으로 장사, 영릉, 계양 3군에 관리를 파견했다. 그러나 관우가 이들을 쫓아내면서 결국 갈등이 폭발했다.

손권이 유비에게 본때를 보여주라며 여몽에게 2만 병사와 선우단 鮮于丹, 서충 徐忠, 손규 孫規 등 장수들을 이끌고 장사, 영릉, 계양 3군을 공격하라고 명했다. 그리고 노숙에게 병력 1만 명을 내주며 파구에서 관우를 경계하도록 하고 본인은 육구 陸口에 주둔하며 전투를 총지휘했다. 장사와 계양 태수는 여몽 군대를 보고 바로 투항했지만 영릉 태수 학보 郝普는 끝까지 싸웠다.

형주 시내에 세워져 있는 거대한 관우 동상

유비는 전혀 위축되지 않고 5만 군대를 이끌고 강을 따라 공안으로 이동하면서 관우에게 정규군 3만으로 익양益陽을 공격하라고 명했다. 관우는 정규군 3만 중 정예병 5천을 선발해 노숙을 압박했다. 이에 손권이 여몽에게 일단 노숙을 도와 관우를 막도록 했다. 여몽이 계략을 꾸미며 학보의 항복을 받아냄으로써 3군을 모두 되찾은 후 손교孫皎, 반장, 노숙 군대와 합류해 익양의 관우와 대치했다. 양측이 서로를 견제하며 계속 병력을 이동하자 팽팽한 긴장감이 감돌며 일촉즉발의 위기로 치달았다.

그러나 양쪽 모두 이성을 잃지는 않았다. 자신의 주적이 조조임을 명

형주 관우사당의 관공상

확히 인지했기 때문에 사생결단으로 싸우기보다 가능한 충돌 없이 문제를 해결하고자 했다. 싸우지 않고 문제를 해결하는 가장 좋은 방법은 직접 만나 대화하는 것이다. 먼저 만나자고 제안한 사람은 얼마 전 여몽과 함께 익양에 온 노숙이었다. 양측은 군대를 100보 밖으로 물리고 장수끼리 칼 하나만 차고 만나기로 약속했고 노숙이 관우 진영으로 갔다.

강화 회담이라고 하지만 아직 서로 무기를 겨누고 있으니 언제 무슨 일이 벌어질지 알 수 없는 상황이었다. 오나라 진영에서는 노숙이 관우처럼 무예에 능한 장수가 아니기 때문에 너무 위험하다며 모두 말렸다. 그

경극 <단도회> 공연 장면

러나 노숙의 생각은 달랐다.

"오늘 회담은 그간의 일들을 확실히 정리하기 위함입니다. 유비가 잘
못한 일들을, 직접 만나 확실히 따지는 자리입니다. 하지만 유비의 뜻이
없는 상황이니 관우가 어찌 독단적으로 행동할 수 있겠소?"

노숙은 주저하지 않고 관우 진영으로 향했다.

회담이 시작되자 관우가 먼저 불만을 터뜨렸다.

"유비 좌장군이 오림烏林 전투에 참여해 자면서도 갑옷을 벗지 않고 동오와 힘을 합쳐 위나라를 물리치느라 고생했는데, 어찌 땅 한 조각도 나눠주지 않으려 하시오? 이렇게 땅을 내놓으라고 하는 법이 어디 있소!"

노숙도 지지 않고 반박했다.

"그건 아니지요. 그 전에 유 장군이 장판에서 얼마나 처참했는지 잊으셨습니까? 다 쓰러져가는 패잔병 무리에 희망이나 대책은커녕 완전히 전의를 상실해 그저 창오로 도망갈 생각뿐이었지요. 형주는 그야말로 언감생심이었습니다. 그때 우리 주공이 갈 곳 없는 유 장군을 불쌍히 여겨 아낌없이 땅과 인재를 지원한 덕분에 난관을 극복하고 자리를 잡은 것 아니겠습니까? 그런데 이제 와서 우리의 호의와 우정을 저버리고 이기적으로 억지를 부리고 있습니다. 이미 익주를 차지했으면서 우리 형주까지 넘보다니요. 한낱 범부도 부끄러운 줄 알고 차마 하지 못하는 짓인데, 하물며 군웅이 어찌 이럴 수 있습니까? 탐욕과 배신은 화를 불러오는 법입니다. 막중한 임무를 맡았다면, 마땅히 도리에 따라 합당한 처신으로 주군을 보필해야 할 것인데, 장군은 어찌 무력으로 남의 것을 뺏으려 합니까? 명분 없는 전쟁을 일으켜 실패하면, 과연 누가 도와주겠소?"

노숙은 신랄한 비판에 관우가 아무 말도 하지 못하자 더 기세등등하게 힐난했다.

"우리가 성심껏 땅을 빌려준 것은 유 장군이 오랫동안 패하고 도망 다니느라 발붙일 곳이 없었기 때문이었습니다. 그런데 지금 익주를 얻었으면서, 어떻게 형주 전체도 아니고 3군만 돌려달라는 우리의 요구를 묵살할 수가 있습니까!"

노숙이 한창 말을 이어가는데 누군가 끼어들었다.

"땅은 덕이 있는 자가 얻는 것인데, 어찌 네 것 내 것이 있단 말이오?"

노숙이 말도 안 되는 소리라고 호통을 치며 분노했다. 그러자 관우가 가만히 칼을 들고 일어서며 노숙을 달랬다.

"이자가 나랏일에 대해 무엇을 알겠소?"

그리고 그에게 어서 나가라고 눈짓했다.

누구보다 이성적인 노숙이 위험을 무릅쓰고 관우 진영까지 찾아가 적극적으로 단도부회를 펼친 이유는 정면충돌을 피해 서로에게 유익한 방법을 찾기 위해서였다. 이 회담에서 가장 많이 언급된 것은 단연 형주 문제였다. 비록 이상적인 결론을 내지는 못했지만 일촉즉발의 위기를 완화하는 효과가 있었다.

유비와 손권이 한 치의 양보도 없이 형주를 다투고 있을 때 조조가 장노를 무너뜨리고 한중을 점령했다. 유비는 익주가 위태로워지자 손권에게 다시 강화를 요청했다. 그 결과 상수를 경계로 동쪽 장사, 강하, 계양 3군은 손권이 갖고 상수 서쪽 남군, 영릉, 무릉 3군은 유비가 갖기로 합의했다. 그 후 유비가 강주로 돌아가 장노에게 사람을 보냈지만 이미 조조에게 투항한 후였다.

| 참고자료 | **역사 기록과는 다른 단도부회**

단도부회는 원래 노숙이 제안했고, 위험을 무릅쓰고 적진에 들어갔던

사람도 노숙이었다. 그가 직접 관우 진영에 가서 가진 회담이었다. 관우 쪽은 신세를 진 입장이니 할 말이 없었고 회담의 주도권은 노숙 쪽에 있었다. 노숙이 뛰어난 언변으로 시종일관 신랄하게 질책했고 관우는 반박할 말을 찾지 못했다.

그러나 삼국 이야기가 민간에 널리 퍼지고 관우 숭배 풍조가 날로 높아지면서 어느 순간 단도부회의 주인공이 바뀌었다.

송나라 말기에서 원나라 초기에 유행한 설화 화본《삼국지평화》와 원나라 관한경의 희곡《단도회》는 회담 장소를 오나라 진영으로, 위험을 무릅쓰고 적진에 들어간 사람을 관우로 설정했다.

《삼국지평화》의 단도부회 이야기는 간단하다. 노숙의 제안을 받아들인 관우는 병사 50명만 데리고 노숙 진영으로 갔다. 이때 노숙 진영에는 병사 3천이 있었고 회담 중에 병사들이 '관우는 이제 큰일 났다.'라고 노래하며 관우를 조롱했다. 분노한 관우가 멱살을 움켜쥐고 호통치자 노숙이 살려달라고 애걸복걸했다. 관우는 노숙을 내버려 둔 채 말을 타고 형주로 돌아갔다.

관한경의《단도회》이야기는 꽤 복잡하고 긴장감이 더해졌다. 노숙은 자기 진영에서 연회를 마련하고 관우를 초대하면서 3단계 방법을 생각해뒀다. 일단 정중하게 형주를 돌려달라고 요청한다. 받아들이지 않으면 관우를 억류하고 더 강하게 요구한다. 그래도 응하지 않으면 무력을 동원해 관우를 구금하기로 했다. 연회에 참석한 관우는 하늘을 찌르는 위풍당당한 기세로 시종일관 굽힘이 없었다. 노숙이 형주 반환을 요구하자 형주는 한나라의 땅이니 오나라가 상관할 바가 아니라며 크게 꾸짖었다. 결국 관우는 아들 관평과 장수들의 호위를 받으며 배를 타고 돌아갔다.

명나라 때 등장한《삼국연의》의 단도부회 이야기는 전반적으로《단도회》와 비슷하지만 묘사가 조금 더 상세하다. 이 시기 단도부회 일화는 지혜와 용맹을 갖춘 관우의 영웅 이미지를 부각하기 위해 실제 역사 사건을 새롭게 각색했다. 특히 생동감 있는 인물 형상, 탄탄한 서사 구조, 박진감 넘치는 묘사로 많은 이들에게 사랑받고 있다.

가절월假節鉞을 받다

촉나라와 오나라의 긴장이 완화되고 3, 4년 동안은 형주를 지키는 데 큰 문제가 없었다. 이 사이 관우는 유비가 익주에서 세력 기반을 다질 수 있도록 동으로 손권을 견제하고 북으로 조조에 대항하며 대외 군사력을 안정시켰다. 덕분에 유비는 익주를 완전히 안정시킬 수 있었다.

건안 23년(218년), 한중으로 진격한 유비가 오란吳蘭과 뇌동雷銅을 보내 무도武都를 공격했지만 모두 조조군에게 패했다. 이후 유비는 한중의 주요 관문인 양평관陽平關에서 조조군 장수 하후연夏侯淵, 장합張郃과 대치했다. 건안 24년(129년) 봄, 유비가 면수를 건너 정군산定軍山 아래 진을 쳤다. 하후연과 익주 자사 조옹趙顒이 유비군을 공격했으나 황충에게 참패하고 참수됐다. 장안에서 하후연이 죽었다는 소식을 듣고 크게 분노한 조조가 직접 유비를 토벌하겠다며 군대를 이끌고 남하했다. 그러나 유비는 지리적 이점을 이용한 천연 요새에 의지하며 가능한 정면충돌을 피했다. 여러 달 소모전이 이어지면서 상대적으로 피해가 컸던 조조군은 결국 한중을 포기하고 돌아갔다.

같은 해 5월, 유비가 한중을 점령하고 익주의 세력 기반을 더욱 공고히 다졌다. 그해 7월, 촉나라를 더욱 강대하게 발전시켜 조조, 손권에 맞서 한나라 황실을 부흥하기 위해 스스로 한중왕이 되었다. 허정을 태부太傅로, 법정을 상서령尙書令으로, 관우를 전장군으로, 장비를 우장군으로, 마초를 좌장군으로, 황충을 후장군으로 임명하는 등 부하들에게 관직과 작위를 내렸다.

관우는 전장군에 가절월까지 받으면서 촉나라 다섯 명장 중에서도 최고가 되었다. 관우 평생 최고의 관직, 최고의 영예였다. 가절월은 군주가 고위 대신에게 부여하는 생사여탈권을 말한다. 유비가 본인 대신 형주를 책임지는 관우에게 군주에 버금가는 권한을 준 것이다.

유비가 익주 전부사마 비시를 통해 관우를 전장군에 임명하는 인장을 전할 때 있었던 일이다. 관우가 황충과 같은 관직이라는 말을 듣고 격분해 "대장부는 결코 그런 늙은 졸개와 같이 설 수 없다."라며 인장을 받지 않으려 했다. 비시는 관우의 성격과 생각을 잘 알기에 이렇게 설득했다.

형주 관우사

"대업을 이룬 군주는 한 가지 잣대만으로 인재를 등용할 수 없습니다. 과거 한나라 고조가 그러했습니다. 소하蕭何와 조참曹參은 젊은 시절부터 친구였고, 진평陳平과 한신韓信은 투항한 적군이었습니다. 한신이 왕의 작위를 받았고 소하와 조참은 후작에 머물렀지만 고조를 원망했다는 말은 듣지 못했습니다. 지금 우리 군주도 한나라 황실 부흥을 위해 관직과 작위를 내리는 것이니, 군주의 뜻을 어찌 장군의 뜻과 비교할 수 있겠습니까? 더구나 장군과 군주는 서로를 한몸처럼 여기며 기쁨과 슬픔을 함께하는 사이가 아닙니까? 그러니 관직과 봉록의 높고 낮음을 마음에 두지 말아야 할 것입니다. 저는 한중왕의 명을 받은 사신일 뿐이니, 장군이 인장을 받지 않겠다면 이만 돌아가겠습니다. 다만 나중에 장군이 후회하지 않을까 걱정입니다."

관우는 비시의 설득에 마음을 바꾸고 결국 인장을 받았다.

이후 수년간 형주를 굳건히 지킨 관우는 큰 명성을 떨치며 촉나라가 강성해지는 데 크게 이바지했다. 이 시기 촉나라는 유례없는 전성기를 맞이했고, 관우는 이를 바탕으로 위나라를 선제공격하기에 이르렀다.

| 참고자료 | **형주를 받아낸 경위**

적벽 대전 다음 해인 건안 14년(209년) 정월, 유표의 아들인 형주목 유기가 병사했다. 유비는 손권의 상소로 형주목이 되어 공안에 주둔했다. 남군 태수 주유가 강릉에 주둔하면서 남안南岸 지역을 유비에게 넘

겼다. 남안은 장강 남쪽 형주 땅으로 영릉, 계양, 무릉, 장사를 가리킨다. 또한 손권은 유비를 같은 편으로 확실히 끌어들여 동맹 관계를 유지하고 형주 문제를 해결하기 위해 여동생을 유비에게 시집보냈다. 이즈음 유비는 유강구에 주둔하면서 지명을 공안으로 바꾸었다.

건안 15년(210년), 유비는 주유가 내준 영토가 너무 좁아 백성들을 정착시키기 힘들다는 이유로 경구에서 손권을 직접 만나 기존 강남 4군 외에 장강과 한수 일대 4군을 포함한 형주의 8군을 요구했다. 이때 주유는 절대 영토를 내주면 안 된다고 강력하게 반대했다. 대신 화려한 궁전을 짓고 미녀들을 붙여 관우와 장비를 떨어뜨린 후 유비가 차지하고 있는 땅을 빼앗아야 한다고 주장했다.

그러나 노숙의 생각은 달랐다. 유비에게 형주를 내주고 함께 조조를 막아야 한다고 했다. 얼마 뒤 주유가 병사하고 군대를 넘겨받은 노숙이 유비의 요구를 들어주자고 손권을 설득했다.

형주와 회남淮南이 조조의 위협에 노출되어 있었기 때문에 손권은 결국 노숙의 제안을 받아들였다. 형주를 내주면 유비가 일선에서 조조를 막아주어 부담을 덜 수 있으니 오나라도 그리 손해는 아니었다. 이처럼 양측의 이해관계가 맞아떨어진 덕분에 유비가 정식으로 형주를 차지할 수 있었다.

건안 16년(211년) 12월, 조조가 한중을 점령하자 익주목 유장이 유비를 끌어들였다. 예전부터 익주를 노렸지만 유비의 반대로 뜻을 이루지 못했던 손권은 유비가 익주로 갔다는 소식을 듣고 크게 분개해 여동생을 데려가 버렸다. 이로써 오촉 동맹이 깨졌다.

건안 17년(212년), 유비와 유장의 갈등이 본격화하면서 제갈량과 장비가 유비와 합류하자 형주에는 관우 혼자만 남았다.

건안 19년(214년), 유비가 익주를 장악했다. 다음 해, 유비가 형주를 반환하라는 손권의 요구를 거절하면서 두 세력의 갈등이 깊어졌다. 손권이 관리를 파견해 장사, 영릉, 계양 3군을 강제 편입하려 했지만 관우에게 쫓겨나자 여몽 군대가 무력으로 점령했다. 유비와 손권이 직접 군대를 지휘해 서로에게 칼끝을 겨누며 일촉즉발의 위기로 치달았다. 이때 조조가 다시 한중을 공격해오자 유비는 한발 물러설 수밖에 없었다. 결국 양측은 상수를 경계로 형주 남부 땅을 나눠 가졌다.

건안 24년(219년) 7월, 스스로 한중왕에 오른 유비가 관우를 전장군에 봉하고 가절월을 하사했다. 얼마 뒤 관우가 양양 공격에 실패하고 손권이 여몽을 보내 형주를 급습했다. 그해 12월, 관우가 맥성에서 세상을 떠났고 형주도 손권에게 넘어갔다.

10장

중원에
위엄을 떨치다

칠군七軍을 수몰시키다

건안 24년(219년) 7월, 유비가 스스로 한중왕이 되었다. 이즈음 손권이 합비를 공격하자 조조가 양양의 일부 병력을 이동시켰다. 관우가 이 기회를 틈타 남군 태수 미방糜芳과 부사인傅士仁에게 강릉과 공안 수비를 맡기고 직접 군대를 지휘해 여상呂常이 지키고 있던 양양을 공격했다.

양양과 한수를 사이에 둔 번성은 조조와 같은 집안 출신인 진남장군 조인이 지키고 있었고, 완성에는 평관장군平寇將軍 서황이 있었다. 관우가 번성을 공격하자 조조가 조인을 돕기 위해 우금과 방덕을 보냈다. 조인은 이들이 끌고 온 칠군을 번성 북쪽에 주둔시켰다.

그해 8월 비가 억수같이 쏟아지고 한수가 범람해 홍수가 났다. 엄청난 폭우에 우왕좌왕하던 칠군은 거의 다 물에 빠져 전멸했고, 황급히 높은 곳으로 피신한 우금과 일부 장수만 목숨을 건졌다. 그사이 관우가 군선을 타고 맹공을 퍼붓자 우금은 어쩔 수 없이 투항했다.

관우가 칠군을 수몰시키는 장면을 그린 그림

한편 방덕은 조인의 명에 따라 번성 북쪽 10리 거리에 진을 쳤다. 열흘 넘게 폭우가 쏟아져 한수가 범람하자 방덕과 장수들이 서둘러 제방 위로 피신했다. 관우가 역시 군선을 타고 방덕과 장수들을 포위하고 병사들에게 화살 공격을 명령했다. 갑옷으로 무장한 방덕이 백발백중의 활 실력으로 반격했지만 수적인 열세를 극복하기는 힘들었다. 방덕은 수하 장수 동형董衡과 동초董超가 관우에게 항복하려 하자 크게 격분하며 그들의 목을 벴다. 새벽부터 오후까지 필사적으로 싸웠지만 적군의 수는 조금도 줄지 않고 공세는 더욱 맹렬해졌다. 화살이 다 떨어진 방덕은 단도를 뽑아 들고 수하 장수 성하成何에게 소리쳤다.

　"훌륭한 장수는 죽음을 두려워해 구차하게 살지 않고, 곧은 선비는 지조를 버려가며 목숨을 구걸하지 않는 법이다. 나는 오늘 죽어도 여한이 없다!"

　방덕은 대단한 용맹과 기세로 끝까지 관우군을 상대했다. 그러나 폭우는 더욱 거세지고 부하들이 하나둘 버티지 못하고 투항했다. 방덕은 어쩔 수 없이 조인 진영으로 도망가던 중 거센 물살에 배가 뒤집히는 바람에 물에 빠졌다. 뒤집힌 배를 꽉 붙잡고 버텼지만 도망갈 수 없어 결국 관우에게 사로잡혔다.

　방덕은 포로가 되어 관우 앞에 끌려 왔지만 조금도 굴하지 않고 당당해서 무릎도 꿇지 않았다. 관우는 방덕의 성격을 알기에 좋은 말로 설득했다.

　"장군의 형이 한중에서 우리를 돕고 있으니, 장군에게 좋은 관직을 약속하겠소. 어서 투항하시오."

하지만 방덕은 화를 내며 호통을 쳤다.

"가소로운 놈! 감히 누구한테 항복하라는 것이냐? 우리 위왕은 100만 대군을 이끌며 천하에 위엄을 떨치고 있다. 변변한 재주 하나 없는 유비 따위가 어찌 상대가 되겠느냐? 나는 위나라의 귀신이 될지언정 절대 비굴하게 네놈들 밑에 들어가지 않을 것이다."

관우가 화를 참지 못해 방덕을 참수했다.

조조는 끝까지 지조를 지키다 죽은 방덕을 위해 눈물을 흘리고 우금이 투항했다는 소식에 매우 안타까워했다.

"우금과 함께한 시간이 30년이다. 연주에서부터 나를 따랐던 우금인데, 목숨이 위태로워지니 방덕보다 못하구나!"

방덕은 원래 상대를 두려움에 떨게 만드는 용맹한 장수로 유명했다. 과거 다른 전투에서 관우의 이마에 상처를 낸 일이 있어 관우의 부하들도 그를 두려워했고 늘 백마를 타고 다녀 백마 장군이라고 불렸다. 처음 조조군에 합류했을 때 방덕의 사촌 형 방유龐柔가 유비 수하라는 이유로 번성의 장수들이 방덕의 충성심을 의심했다. 그때 방덕은 이렇게 말했다.

"나는 나라의 은혜를 입었으니 나라를 위해 죽을 것이오. 이번에 내가 직접 관우를 상대해, 내가 죽든 관우가 죽든 결판을 낼 것이오."

방덕은 이미 전쟁터에서 끝까지 싸우다 죽겠다는 굳은 결심을 했던 것이다. 방덕의 죽음은 조조에게 큰 손실이고, 관우 입장에서는 아군의 사기를 불안하게 만드는 강적을 제거한 쾌거였다. 이처럼 교전이 시작되자마자 조조군 장수가 죽거나 투항하니 관우군의 사기는 하늘을 찔렀다. 관우는 이 기세를 몰아 번성을 급습했다.

한편 번성은 강물이 계속 불어나자 성벽 곳곳이 기울거나 무너졌다. 번성에 갇힌 조조군은 포위망이 좁혀오자 두려움에 떨었다. 조인 부하 중 한 명이 이렇게 제안했다.

"지금 상황을 보건대, 전세를 뒤집기는 이미 늦었습니다. 적들이 성을 완전히 포위하기 전에 어둠을 이용해 배를 타고 빠져나가야 합니다."

그러나 여남 태수 만총이 반대했다.

"산에서 흐르는 물은 유속이 빠르니 수위가 금방 내려갈 것입니다. 관우가 보낸 장수가 영천군潁川郡 겹현郟縣에 도착해 허도 남부 백성들이 불안해한다고 합니다. 그들이 섣불리 허도를 공격하지 못하는 이유는 우리가 후방에 있기 때문입니다. 만약 지금 번성을 버리고 도망가면 홍하洪河 남쪽 땅까지 관우 손에 들어갈 것입니다. 그러니 성급하게 포기할 것이 아니라 조금 더 기다려야 합니다."

조인은 만총의 의견이 옳다고 여겨 따르기로 했다. 조인은 사기를 진작시키기 위해 모든 장수를 모아놓고 백마를 제물로 삼아 끝까지 성을 지키겠다는 맹세를 하도록 했다. 사실 번성 병력은 수천 남짓이었고 성벽이 대부분 물에 잠겨 매우 절망적인 상황이었다.

관우도 번성의 상황을 정확히 파악하고 단번에 섬멸하고자 했다. 먼저 번성을 겹겹이 포위해 성 안팎의 연락을 원천 봉쇄한 후, 따로 장수를 보내 여상이 지키고 있는 양양도 포위했다. 관우군의 공세와 압박이 커지

잡극 <수엄칠군> 장면

낙양 관림의 <위진화하> 편액. 중원에 위세를 떨쳤다는 뜻이다.

자 조조가 임명한 형주 자사 호수^{胡修}와 남향 태수 부방^{傳方}이 투항했다.

　칠군을 수몰시키고 연거푸 승리를 거머쥐면서 관우의 위세가 점점 더 하늘을 찌르자 주변 지역의 인재와 백성이 제 발로 찾아왔다. 홍농군 ^{弘農郡} 육혼현^{陸渾縣} 출신 손랑^{孫狼}이 평소 불만을 품었던 현의 관리를 죽인 후 관우에게 귀순했다. 관우는 손랑에게 관인을 수여하고 병력을 제공했다. 손랑은 육혼현으로 돌아가 세력 기반을 확대했다. 이외에 양현과 겹현 등지의 농민 반란군도 관우군의 일파가 되어 관우의 명의로 군대를 모집했다. 관우가 승승장구하며 위세가 높아지자 허도 남부에서도 반란이 일어나 관우의 명성이 중원을 뒤흔들었다.

　칠군 수몰은 관우 일생에 가장 빛나는 전공이며, 조조군에게는 적벽대전 이후 또 한 번의 뼈아픈 참패로 기록되었다. 이 전투로 조조군 사기는 크게 꺾였고 관우는 역사에 길이 남은 영웅이자 무성으로 거듭났다.

| 참고자료 | **투항한 장수 우금의 비참한 말로**

같은 전투에 출전했으나 방덕이 끝까지 굽히지 않고 죽음을 택해 조조의 찬사를 얻은 반면 제대로 싸워보지도 않고 투항한 우금은 평생 우울한 삶을 보냈다.

우금은 관우에게 투항한 후 강릉에 구금됐다. 얼마 뒤 형주를 점령한 손권이 우금을 직접 만나 풀어주고 함께 오나라로 갔다. 손권이 우금을 후하게 대접한 것처럼 보이지만 투항한 장수의 삶은 그리 순탄치 않았다.

어느 날 손권이 말을 타고 가다가 우금을 옆으로 불러 나란히 섰다. 손권 신하 우번虞翻이 이를 보고 크게 꾸짖었다.

"항복한 포로 주제에 어디 감히 주군과 말머리를 나란히 하느냐!"

우번이 채찍을 휘두르려 하자 손권이 급히 저지했다.

또 한 번은 손권이 신하들을 초대해 큰 배에서 연회를 열었다. 이날 연주를 듣던 우금이 옛 생각이 떠올라 저도 모르게 눈물을 흘렸다. 이번에도 우번이 신랄하게 우금을 비난했다.

"거짓 눈물로 관용을 얻어낼 속셈인가!"

이처럼 우번이 사사건건 우금을 비난하니, 옆에서 보는 손권조차 불편할 지경이었다.

위나라 문제 조비가 즉위했을 때, 손권이 신하를 자처하며 우금을 돌려보내려 하자 우번이 나서서 반대했다.

"우금은 수만 군대를 잃고 참패해 포로가 됐는데, 뻔뻔하게 목숨을 부지하고 있습니다. 북방 군사 경험이 많은 자이니 돌려보내면 우리 계획에 방해가 될 것입니다. 사실, 풀어줘도 그리 큰 문제가 되지는 않겠지만, 도적을 풀어주면 결국 또 도적질을 하지 않겠습니까? 차라리 공개참수해 불충한 생각을 하는 자들에게 본보기를 보이는 것이 좋겠습니다."

그러나 손권은 우번의 의견을 무시하고 우금을 위나라로 돌려보내기로 했다. 우번이 우금을 배웅하며 이렇게 말했다.

"오나라에 인재가 없다고 생각하지 마시오. 내 계책이 받아들여지지 못했을 뿐이오."

우금은 우번에게 미움을 받았지만 위나라에 돌아간 후 우번이 훌륭한 인재라고 극찬했다. 이에 조비가 존경의 의미로 우번의 관직을 마련해두었다.

머리와 수염이 하얗게 세고 초췌해진 우금은 위나라로 돌아가 조비를 만났다. 만감이 교차해 눈물을 흘리며 사죄의 절을 올렸다. 조비는 대의를 생각해 우금에게 특별 조서를 내렸다.

춘추 시대 진晉나라 장수 순림부荀林父는 초나라와 싸우던 중 필邲에서 패했다. 진秦나라 장수 맹명孟明의 군대는 진晉나라와 싸웠으나 효殽에서 전멸했다. 두 나라 모두 패한 장수를 버리지 않고 관직에 복귀시켰다. 덕분에 훗날 진晉나라는 북쪽 오랑캐 땅을 점령하고, 진秦나라는 서융西戎을 정벌할 수 있었다. 작은 나라도 그러했거늘, 하물며 위나라는 대국이 아니더냐? 우금이 번성에서 패했으나 전투 실패가 아니라 물난리 때문이었으니 관직을 회복시켜야 한다.

이렇게 해서 우금은 안원장군安遠將軍이 되었다.

얼마 뒤 조비가 우금을 오나라 사신으로 임명하고 떠나기 전에 업성에 있는 조조 무덤을 참배하도록 했다. 조조의 무덤 재실에 끝까지 굽히지 않고 싸우는 방덕과 적에게 투항하는 우금을 묘사한 번성 전투 그림이 있었는데, 사전에 조비가 지시한 것이었다. 우금은 이 그림을 보고 수치와 분노를 참을 수 없어 시름시름 앓다가 죽었다. 사후에 여후厲侯로 추존됐으나 한때 명장으로 이름을 날렸던 우금의 말로는 참담하기 그지없었다.

뼈를 깎아 독을 치료하다

중국 역사를 대표하는 '영웅' 관우의 이미지를 각인시킨 일화 중 가장 유명한 것이 뼈를 깎아 독을 치료한 이야기이다.

고대 전투에서 화살에 맞는 상처는 흔한 일이었다. 관우는 양양을 공격할 때 방덕이 쏜 화살에 이마를 맞았지만 다행히 무사했다. 그전에도 빗나간 화살이 왼쪽 팔뚝에 깊이 박힌 적이 있었다. 상처는 서서히 아물었지만 흐리고 비가 내리는 날이면 뼛속까지 고통이 파고들었다. 너무 고통스러워 의원을 불렀다.

"예전에 독이 묻은 화살을 맞았는데 시간이 지나면서 독이 뼈에 스며들었습니다. 통증을 완전히 없애려면 다시 살을 갈라 독이 스며든 뼈의 표면을 깎아내야 합니다."

관우는 생살을 가르는 고통 따위 개의치 않고 당장 가르라며 팔을 내밀었다. 무서워하거나 고통스러워하기는커녕 장수들을 불러 여유롭게 술을 마셨다. 의원이 살을 가르고 치료하는 동안 피가 줄줄 흘러 받쳐놓은 그릇을 가득 채웠다. 관우는 시종일관 아무렇지 않은 듯 술을 마시며 담소를 나눴다. 모두들 관우의 놀라운 용기와 인내심에 감탄을 금치 못했다.

| 참고자료 | 관우의 뼈를 깎아 독을 치료한 의원은 화타華佗가 아니다

뼈를 깎아 독을 치료한 일화는 관우의 초인적인 의지와 인내심을 보여주는 이야기이다. 역사는 여기에서 관우를 치료한 의원이 누구인지 기록하지 않았지만 《삼국연의》에는 명의 화타가 등장한다. 또한 관우는 술을 마시는 것이 아니라 바둑을 둔다.

《삼국연의》 이야기에서 화타는 강동에서 관우가 화살에 맞았다는 소문을 듣고 자발적으로 관우를 찾아갔다. 관평이 크게 기뻐하며 화타를 맞이했다. 관우는 마량馬良과 바둑을 두고 있다가 화타가 왔다는 말

뼈를 깎아 독을 치료하다

을 듣고 두말없이 팔을 내밀었다. 한눈에 독화살에 맞았음을 알아본 화타는 서둘러 치료하지 않으면 팔을 잃을 수 있다고 말했다. 관우가 치료 방법이 있느냐고 묻자 화타는 통증이 매우 큰 것이 문제라며 걱정했다.

"죽음도 두렵지 않거늘, 뭐가 걱정이란 말이오?"

"그렇다면, 통증 때문에 팔을 움직이면 치료에 지장이 있으니, 팔을 단단히 고정하고 눈을 가리는 것이 좋겠습니다."

관우는 이마저도 거부하고 화타에게 팔을 내민 채 계속 마량과 바둑을 두었다.

화타는 뼈가 드러나도록 살을 가르고 시퍼렇게 변한 뼈에 스며든 독을 칼로 긁어냈다. 사각사각 소리가 이어지자 지켜보는 사람들도 끔찍해서 차마 눈을 뜰 수 없었지만 관우는 통증이 전혀 없는 것처럼 태연하게 바둑을 두며 담소까지 나누었다. 화타가 치료를 끝낸 후 "평생 수많은 사람을 치료했지만, 장군 같은 분은 처음입니다. 참으로 천신天神이 따로 없습니다."라며 감탄했다.

역사적으로 관우가 뼈를 긁어 치료한 일은 건안 24년(219년)의 일이지만, 화타는 건안 13년(208년) 이전에 죽었다. 화타가 언제 어떻게 죽었는지에 대한 역사 기록은 없지만, 화타를 죽인 조조가 가장 아끼던 아들 조충이 위독할 때 "화타를 죽인 것이 정말 후회되는구나. 내 아들이 치료를 받지 못해 죽게 됐으니."라며 탄식했다. 조충이 건안 13년 (208년)에 죽었으니, 화타는 그전에 죽은 것이 분명하다.

조조를 위협하다

관우가 양양에서 대승을 거두자 조조와 손권은 충격에 휩싸였다. 관우의 놀라운 실력을 똑똑히 확인한 두 사람은 관우를 상대하기 위해 손을 잡았다. 그러나 관우는 이 둘의 연합이 초래할 위협을 감지하지 못했다.

조조는 칠군이 수몰당하면서 막대한 손실을 입은 데다 관우가 허도를 공격할 가능성이 대두되자 도읍을 옮기려 했다. 이때 승상부 군사마 사마의와 병부 소속 장제가 조조를 말렸다.

"우금의 칠군이 전멸한 것은 전술의 실패가 아니니, 국정 방향에는 문제가 없습니다. 유비와 손권은 표면적으로 가까워 보이지만 속내는 전혀 다릅니다. 손권도 관우의 승리가 달갑지 않을 것입니다. 손권에게 사신을 보내 강남 땅을 오나라에 넘기겠다는 조건으로 관우의 후방을 급습하라고 제안하십시오. 이렇게 하면 번성 포위는 저절로 풀릴 것입니다."

조조가 옳다구나 하며 이 제안대로 조치했다. 그러나 양양이 너무 중요했기 때문에 손권이 움직이길 기다리지 못하고 직접 군대를 이끌고 조인을 도우러 가려 했다. 대부분 양양과 번성에 서둘러 지원군을 보내야 한다는 의견이었지만 단 한 명, 시중 환계桓階가 극구 반대했다.

"주공, 조인 장군이 사태 변화에 잘 대처하리라 생각하십니까?"

"그렇소."

"그럼, 포위된 조인 장군과 여상 장군이 적을 막아내는 데 최선을 다하지 않을까 봐 걱정되십니까?"

"아니오."

"그런데 왜 친히 가려고 하십니까?"

"적의 수가 많으니, 다른 장수들이 적을 당해내지 못할까 걱정이오."

"지금 조인 장군이 적에게 겹겹이 포위당했지만 끝까지 배신하지 않고 번성을 지키는 이유는 주공이 이 자리를 지키며 자신을 지원할 방법을 찾고 있다고 믿기 때문입니다. 조인 장군과 병사들은 매우 위태로운 상황이지만 죽을 각오로 싸울 것입니다. 성안에서 죽기 살기로 저항하고 밖에서 확실한 지원군을 보내는 것으로 충분합니다. 주공은 후방에서 침착하게 총지휘를 맡아 위나라의 강한 위력을 보여주면 될 터인데, 어찌 부하들의 실패를 걱정하며 직접 나서려 하십니까?"

조조는 환계의 지적이 옳다고 여겨 겹현 마피摩陂에 주둔하면서 병력 이동 등을 지휘했다.

앞서 장제의 지적처럼 칠군을 수몰시킨 관우의 대승은 하늘이 도운 결과였다. 조조군은 관우의 공격이 아니라 엄청난 폭우 때문에 무너졌다. 사실 군사력만 놓고 보면 조조와 손권이 연합할 필요도 없었다. 당시 관우는 조조와 손권 중 어느 한쪽도 이기기 힘든 상황이었다. 그런데 이 둘이 손까지 잡았으니 관우는 그 어느 때보다 큰 위기를 맞이한 셈이었다.

손권을 압박하다

오나라는 이미 오래전에 관우를 제거 대상으로 삼았다. 처음에는 조조가 주적이었기 때문에 관우를 설득해 함께 맞서야 한다는 노숙의 의견이 받아들여졌다. 그러나 건안 22년(217년), 천하삼분 형성에 영향을 끼쳤던 노숙이 죽은 후 한창漢昌 태수 여몽이 노숙의 군대를 넘겨받아 육구에 주둔했다. 지척에 주둔한 여몽과 관우 사이에 전투가 벌어진다면 두 나라가 동맹을 맺은 이후 첫 번째 전쟁이 될 터였다.

여몽은 형주 문제를 두고 줄곧 무력 대응을 주장했지만 노숙이 감탄할 만큼 뛰어난 전략가이기도 했다.

"여몽 장군, 장군의 지략이 이렇게 뛰어난 줄 몰랐소!"

손권 또한 여몽이 배움에 대한 열정이 남다르다고 수차례 극찬했다. 여몽은 기본적으로 무관이지만 무식하게 힘만 센 장수가 아니라 권모술수에도 능한 사람이었고, 특히 자존심이 강하고 거만한 관우의 성격을 잘 알았다.

여몽이 육구에 주둔하면서 그동안 관우와 우호 관계를 유지해온 노숙의 노선에 큰 변화가 생겼다. 관우가 위세를 떨칠수록 오나라에 대한 야심이 드러나기 시작했다. 더구나 관우가 차지한 형주는 오나라의 머리맡이나 다름없으니 평화로운 공존이 오래가지 않을 것이라고 생각했다. 표면적으로는 조조가 주적이었지만 관우 역시 오나라의 적이었던 셈이다.

여몽은 은밀히 손권을 만나 자신의 생각과 계획을 자세히 설명했다.

"지금 정로장군征虜將軍 손교에게 남군을, 반장에게 백제를 맡기십시오. 그리고 장흠蔣欽의 기병 1만 명을 장강 유역에 배치하면 적군이 어느 방향에서 나타나더라도 대응할 수 있을 것입니다. 이때 저는 양양을 점령하겠습니다. 이렇게 하면, 우리는 조조의 침입을 걱정할 필요도, 조조를 경계하기 위해 관우에게 의지할 필요도 없습니다. 또한 관우와 그 무리는 속임수를 잘 쓰고 변덕이 심해 절대 한편으로 생각하면 안 됩니다. 관우가 아직 우리를 적으로 돌리지 않은 이유는 우리 오나라에 영명한 주공과 충성스러운 신하들이 버티고 있기 때문입니다. 지금 우리 병력이 최강일 때 관우를 제거해야 합니다. 나중에 힘이 약해지면 제거하고 싶어도 어쩌지 못할 것입니다."

손권이 일단 서주를 점령한 후에 관우를 공격하자고 했지만 여몽이 반대했다.

"조조가 멀리 하북에서 싸우느라 서주가 거의 비어 있으니 쉽게 뺏을 수 있겠지만 지키기는 쉽지 않을 것입니다. 8만 군대로도 지킬 수 있을지 미지수입니다. 차라리 관우를 공격해 장강을 완전히 장악하는 편이 우리가 얻는 것이 더 많고 지키기도 쉬울 것입니다."

여몽은 관우가 없어도 오나라 단독으로 조조를 이길 수 있으니 서주보다 형주를 먼저 차지해야 한다고 강력히 주장했고 결국 손권도 이 제안을 적극적으로 수용했다.

여몽은 태수로 부임한 후 짐짓 우호적인 태도를 보이며 거만하고 안하무인인 관우의 경계심을 풀어보려 했다. 그러나 이때까지는 관우도 여몽의 의도를 알아차리고 속아 넘어가지 않았다. 한편 손권은 관우의 딸을 며느리로 맞이하겠다며 관우에게 사신을 보냈지만 욕만 먹고 쫓겨나자 크게 분노했다.

관우가 번성에서 조인을 포위하고 칠군을 수몰시키고 우금을 사로잡는 전공을 올리자 형주를 공격하자는 여몽의 전략이 더욱 힘을 얻었다. 손권은 관우가 연승을 거두며 위세를 과시하자 위협을 느껴 조조와 손을 잡기로 했다. 그래서 조조의 환심도 살 겸, 관우를 물리쳐 공을 세우도록 동의해 달라는 서신을 보냈다. 이때가 건안 24년(219년) 10월이었다.

이렇게 해서 관우는 강력한 두 적수, 조조와 손권의 연합 공격에 맞서게 됐다.

신이 된 영웅 관우

11장

맥성에서
최후를 맞다

사방에서 다가오는 위기

관우가 파죽지세로 승리를 거두는 동안 조조는 조인을 돕기 위해 수차례 지원군을 보냈다. 완성에 주둔한 서황도 그중 한 명이었다. 우금이 투항한 후 관우가 번성의 조인과 양양의 여상을 포위한 상황이었고, 서황은 병사가 대부분 신참이라 정면충돌이 어렵다고 판단해 일단 양릉陽陵에 주둔했다.

관우가 조인을 포위하는 동안 손권도 기회를 엿보았다. 손권은 원래 관우를 전면에 내세워 함께 조조에게 맞설 계획이었다. 때문에 일단 관우에게 지원군을 보냈다. 그러나 지원군 행군 속도를 최대한 늦추고 따로 사람을 보내 관우를 떠보게 했다.

손권 군대가 천천히 오고 있다는 말에 분노한 관우는 얼마 전 우금을 생포하며 자신감이 급상승한 터라 거침없이 험한 말들을 쏟아냈다.

"감히 그런 짓을 하다니! 번성을 점령하고 바로 네놈을 손봐주마!"

이 말을 전해 들은 손권은 관우가 자신을 완전히 무시하고 있음을 알았다. 그래서 앞에서는 사과하는 척하며 직접 도우러 가겠다고 서신을 보냈지만 뒤로는 관우를 공격하기 위해 군대를 이동하면서 그간의 동맹을 깨고 조조와 손을 잡기로 결심했다. 관우는 오만한 태도 때문에 위태롭던 촉나라-오나라 동맹을 깨뜨렸을 뿐 아니라 자신도 큰 위험에 빠지게 됐다.

그동안 오나라의 주전파 여몽이 줄곧 무력으로 형주를 점령해야 한다고 주장했지만 마땅한 기회가 없어 차일피일 계획이 미뤄지고 있었다. 관우가 형주를 비운 사이 여몽이 공격을 시도하려 했으나 형주의 후방 수비에 빈틈이 없어 포기해야 했다. 그 후 어떻게 하면 형주를 단번에 함락할 수 있을까 고민을 거듭하던 중 자신감이 강하고 거만한 관우의 성격에서 돌파구를 찾았다.

애초에 관우는 번성을 공격하러 떠날 때 여몽과 대치 중인 형주의 안전을 염려해 수비 병력을 충분히 남겨두었다. 여몽은 관우의 의도를 파악하고 확실한 기회를 만들기 위해 손권에게 형주의 모든 병력을 번성으로 이동시킬 방법을 제안했다.

"관우가 번성을 공격하러 떠나면서 형주에 꽤 많은 병력을 남겨두었습니다. 우리가 형주를 습격할 수 있다고 생각해 미리 대비한 것입니다. 제가 평소 이런저런 병을 앓아온 터라 치료차 건업建業으로 돌아간다고 하면, 관우가 안심하고 형주 병력을 모두 이동시킬 것입니다. 이 틈에 신속하게 상류로 이동해 허를 찌른다면 형주를 점령하고 관우를 생포할 수 있을 것입니다."

손권이 여몽의 제안을 받아들이고 바로 계획에 돌입했다. 여몽의 병이 위중하다는 소문을 퍼뜨려 곧 건업으로 돌아간다는 상황을 연출하는 한편 관우의 움직임을 철저히 분석하며 세부 계책을 세워나갔다. 손권은 이번 형주 습격을 계획하면서 보안 유지에 특히 주의를 기울였다. 관우도 관우지만 여몽을 제외한 대다수 측근이 관우 공격에 반대했기 때문에 숨길 수밖에 없었다. 공개석상에서 대신들이 관우를 공격해야 한다고 말해도 전혀 신경 쓰지 않고 관심 없는 척했지만 사실은 온종일 관우를 없앨 생각에 빠져 있었다. 손권과 여몽이 관우 습격 계획을 세운 과정은 결코 쉽지 않았다.

하루는 정위교위定威校尉 육손이 무호蕪湖에서 만난 여몽에게 물었다.

"관우와 국경을 맞대고 있는데, 정말 돌아가야겠소? 장군이 떠난 후 상황이 어떻게 될지 걱정되지 않소?"

"그렇기는 하지만, 병이 깊어 어쩔 수 없소."

"사납고 거만하기 짝이 없는 관우가 큰 공을 세워 한창 기고만장해 있을 것이오. 당장은 양양을 공격하느라 우리를 신경 쓸 겨를이 없고 장군이 아프다는 소식을 들으면 경계심이 풀릴 것이니, 우리가 먼저 허를 찌르면 승산이 있을 것이오. 장군이 주공을 만나 계획을 세워 보시오."

"관우는 원래 용맹하여 무너뜨리기 어려운 상대였소. 그런데 은덕과 신의로 형주를 다스리며 지금 큰 공을 세우기까지 했으니, 세력이 더욱 강해져 상대하기가 쉽지 않소."

육손이 병을 핑계로 계략을 세우려는 여몽의 의도를 간파했지만 중요한 기밀이기 때문에 여몽은 사실대로 말할 수가 없었다. 얼마 뒤 손권이 여몽에게 물었다.

"누가 장군 대신 형주를 맡으면 좋겠소?"

"육손이 생각이 깊고 견해가 남다르며 재주가 뛰어나니 큰일을 맡길 수 있을 것입니다. 또한 아직 이름이 알려지지 않아 관우가 크게 경계하지 않을 테니 적임자라 할 수 있습니다. 육손을 등용해 일단 재능과 날카로움을 드러내지 말고 은밀히 상황을 살피며 기회를 엿보라고 하십시오. 이렇게 하면 머지않아 형주를 손에 넣을 수 있을 것입니다."

이에 손권이 여몽의 후임으로 육손을 편장군이자 우도독右都督에 임명했다. 육손은 손권과 여몽의 계획에 따라 육구에 도착하자마자 관우에게 서신을 보냈다. 관우의 공을 극찬하고 자신을 낮추며 잘 부탁한다는 내용이었다. 과연 관우는 오나라군 동향에 전혀 신경 쓰지 않고 경계심을 완전히 내려놓은 채 모든 병력을 번성에 집중시켰다. 육손은 관우가 계략에 걸려들자 바로 손권과 여몽에게 상황을 보고하고 구체적인 계책을 전했다. 드디어 기회를 잡은 손권은 비밀리에 여몽을 서쪽으로 보내 강릉을 치라고 명했다.

관우가 칠군을 수몰시키며 우금을 생포하고 방덕을 참수해 천하를 뒤흔들 때, 조조와 손권이 비밀리에 손을 잡았다. 하지만 관우는 사방에서 다가오는 위기를 전혀 감지하지 못했다.

결전의 시간

군대가 움직이려면 식량이 먼저 움직인다는 옛말이 있다. 관우가 대승을 거두면서 조조군 수만 명이 투항한 탓에 식량이 아주 많이 필요했지만 후방의 군량 조달이 원활하지 않았다. 다급한 관우가 동의를 구하지 않고 오나라 상관湘關에서 쌀을 가져가자 격노한 손권이 당장 공격하기로 마음먹었다.

손권은 정로장군 손교를 좌도독에, 여몽을 우도독에 임명해 동시에 관우를 공격할 계획이었다. 그런데 여몽이 조금 다른 의견을 내놓았다.

"주공, 소신과 손교 장군 중 더 뛰어나다고 여기는 사람을 중용하십시오. 과거 주유와 정보 장군을 좌도독, 우도독으로 삼아 동시에 강릉을 공격했던 일을 잊으셨습니까? 최종 결정권을 가진 주유 장군과 스스로 노련하다고 자부하는 정보 장군의 지위가 동등했기 때문에 서로 물러섬이 없어 하마터면 큰일을 그르칠 뻔하지 않았습니까? 우리는 이 일을 잊지 말고 교훈으로 삼아야 합니다."

손권은 그 말이 옳다고 여겨 여몽을 대도독에 임명하고 손교에게 후방 지원을 맡겼다. 곧 여몽이 장강 상류로 올라가 형주 공략 작전에 돌입했다.

한편, 조조 측에서는 모사 조엄趙儼과 장수 서황이 조인을 도우러 갔다. 서황은 번성을 겹겹이 포위한 관우군을 보고 조인을 구하기 어렵다고 생각했다. 이때 수하 장수들이 빨리 조인을 구하자고 재촉하자 조엄이 대신 나섰다.

"적의 포위망이 견고하고, 여전히 비가 거세게 내리고 있습니다. 조인 장군과 연락이 끊긴 상황에서 우리 병력만으로 공격해 봤자 헛수고일 것입니다. 일단 선봉대를 보내 포위망 밖에서 관우군을 압박하면서 조인 장군에게 우리가 온 것을 알려 사기를 북돋워야 합니다. 열흘이면 북쪽 지원군이 도착하고 번성도 그 정도는 버틸 수 있을 것입니다. 그때 안팎으로 협공하면 반드시 승리할 수 있습니다. 만약 실패한다면 제가 모든 책임을 지겠습니다."

장수들이 이 계획에 동의하고 바로 행동에 돌입했다. 땅굴도 파고 화살에 서신을 묶어 날리는 등 여러 방법으로 번성에 있는 조인과 연락을 주고받았다. 번성에 갇힌 조인 군대는 성 밖에 지원군이 모이는 대로 동시 공격을 시작한다는 소식에 안정을 되찾았다.

서황 군대가 양릉에 주둔하고 있을 때 서상徐商과 여건呂建 군대가 양양으로 달려가고 합비에 있던 장료도 서둘러 이동했다. "반드시 병력이 전부 모인 후에 공격하라."는 조조의 명령이 있었지만 이들이 양양에 도착했을 때는 이미 서황이 관우를 물리치고 조인을 구한 후였다. 이외에 연주 자사 배잠裵潛과 예주 자사 여공呂貢도 조조의 긴급 소집령을 받고 양양으로 달려갔다. 특히 배잠은 속도를 올리기 위해 무거운 군수품을 버리기까지 했지만 조조의 재촉이 수차례 이어졌다고 한다. 이상을 종합해 볼 때 조조가 양양을 얼마나 중요하게 생각했는지 알 수 있다.

이렇게 상황이 흘러가며 관우는 곧 결전의 순간을 맞이하게 된다. 조조군의 병력이 계속 늘어나자 관우군은 양양에서 북쪽으로 5리 떨어진 언성偃城으로 이동했다.

서황이 포위망을 구축하는 척 참호를 파기 시작하자 관우가 서둘러 주둔지를 불태우고 성을 빠져나갔다. 속임수가 제대로 먹히면서 서황 군대는 손쉽게 언성을 차지했다. 드디어 집결한 조조군은 위력을 과시하며 관우군을 포위했고, 점점 거리를 좁혀가며 아주 가까이에서 관우를 압박했다.

이즈음 조조는 관우를 무너뜨리고 조정에 충성하겠다는 손권의 서신을 받았다.

우리 군이 서쪽으로 진격해 비어 있는 형주를 공격할 것입니다. 강릉과 공안은 관우의 핵심 근거지이니 이 두 곳을 잃으면 관우가 바로 군대를 돌려 달려올 것입니다. 이렇게 하면 번성의 포위는 자연스럽게 풀릴 것입니다. 이 일이 관우에게 새어나가지 않도록 비밀을 지켜 주십시오.

조조는 대신들에게 서신을 보여주며 의견을 물었다. 대부분 손권의 계획에 동의하며 비밀로 해야 한다고 했지만 동소董昭의 생각은 달랐다.

"군사 작전의 목표를 달성하려면 임기응변에 능해야 하니, 해야 할 것과 하지 말아야 할 것이 따로 없습니다. 손권에게 비밀을 지키겠다고 약속하고 관우에게 몰래 정보를 흘리십시오. 손권이 후방을 공격한다는 사실을 알면 관우가 본진을 지키기 위해 군대를 돌릴 터이니 자연스럽게 번성 포위가 풀릴 것입니다. 그 후에 관우와 손권이 싸우는 것을 지켜보며 어부지리를 얻을 수 있으니 일거양득입니다. 만약 이 사실을 비밀로 하면 손권의 기세만 올려주는 셈이니 상책이 아닙니다. 그리고 한 가지 더 고려할 것이 있습니다. 번성에 고립된 장수와 병사들이 지원군이 오는 줄 모르는 상태에서 식량이 떨어지면 큰 혼란에 빠질 수 있습니다. 만에 하나 돌발 상황이 발생할 수 있으니 서둘러 지원군의 존재를 알려야 합니다. 관우 성격에 한번 마음 먹고 물샐틈없이 제대로 포위한 이상 쉽게 철수하지 않을 테니, 우리가 가만히 있으면 안 됩니다."

이에 조조는 서황에게 손권의 계획을 적은 서신을 화살에 묶어 번성과 관우 진영에 쏘게 했다. 번성에 갇힌 조조군은 서신을 보고 바로 의지를 되찾았다. 조조는 총공격을 개시하기 전에 먼저 은서殷署와 주개朱蓋에게 추가 병력을 이끌고 서황과 합류하도록 했다.

한편 관우는 손권의 계획을 알고 철수할지 말지 망설였다. 관우군은 양양 북쪽 위두圍頭 교외에서 사총四冢까지 진을 친 상황이었다.

과거 관우와 서황은 친분이 두터운 사이였다. 하지만 이번 전투에서 사활을 걸고 칼을 겨누게 됐다. 서황과 관우가 멀리 각자의 진영에서 서로를 바라보며 전투와 상관없는 일상적인 이야기를 나누었다. 한창 대화를 나누던 중 갑자기 서황이 부하들을 향해 소리쳤다.

"관운장의 목을 베어오는 자에게 상으로 천금을 내리겠다."

관우가 깜짝 놀라 무슨 말이냐고 외치자 서황이 매몰차게 대답했다.

"이는 나랏일이오!"

전투가 시작된 후 서황은 앞으로는 위두를 공격할 것처럼 하면서 몰래 군대를 이동해 사총을 급습했다. 사총이 함락될 위기에 처하자 관우가 직접 5천 병력을 이끌고 달려갔지만 서황에게 패하고 번성 방향으로 퇴각했다. 서황이 바짝 추격하며 공세를 퍼부은 덕분에 드디어 관우군의 번성 포위망이 무너졌다. 성 안팎에 협공이 시작되자 수많은 관우군 병사들이 스스로 강물에 뛰어들었고 결국 조조군이 대승을 거뒀다.

사실 관우가 번성과 양양을 포위했을 때 그리 멀지 않은 상용上庸에 유봉劉封과 맹달孟達이 있었다. 위급해진 관우가 유봉과 맹달에게 수차례 구원을 요청했으나 두 사람은 상용 수비가 안정되지 않아 군대를 움직일 수 없다는 이유로 관우의 요청을 거부했다.

조조는 서황이 대승을 거두자 크게 칭찬하며 기뻐했다.

"서황이 10겹이나 되는 포위망을 뚫고 적을 무찔러 대승을 거뒀다. 내가 전장을 누빈 지 30년이 넘었지만, 나는 물론이고 과거 용맹하기로 이름난 어떤 장군도 이처럼 적의 포위망에 직접 뛰어들지 못했다. 더구나 양양의 포위망은 그 옛날 전국시대 악의樂毅 장군이 거莒와 즉묵即墨에서 싸울 때보다 훨씬 대단했다. 또한 서황의 공은 손무孫武와 사마양저司馬穰苴보다 훨씬 뛰어나다."

관우는 조조군의 총공세에 패했지만 면수를 장악한 군선 덕분에 양양은 지켜냈다. 하지만 곧이어 후방의 보급 군대가 손권에게 습격당했다는 소식에 서둘러 남쪽으로 퇴각했다.

조인을 포함해 다음 계획을 세우던 조조군 장수들이 관우를 추격해 붙잡아야 한다고 주장했다. 하지만 조엄은 생각이 달랐다.

"손권이 관우의 후방을 공격하긴 했지만, 우리가 어부지리를 얻지 않을까 견제하고 있습니다. 우리와 손잡은 것은 임시방편일 뿐입니다. 그저 상황에 맞춰 임기응변으로 대처한 것일 뿐, 관우와 정말 사생결단할 생각은 아닐 것입니다. 지금 관우가 힘을 잃고 고전하고 있으니, 손권을 견제하도록 내버려 둬야 합니다. 우리가 끝까지 관우를 쫓아가면 결정적인 순간에 손권이 배신할 것이 뻔하니, 오히려 우리에게 불리한 상황이 될 것입니다."

곧이어 조조가 장수들에게 관우를 뒤쫓지 말라는 명령을 전했다. 조조의 생각도 조엄과 같았다. 패해서 달아나는 관우를 뒤쫓다가 큰일을 망칠 수 있다고 생각한 것이다.

형주를 잃다

관우는 처음에 번성과 양양을 포위하며 우세를 점했지만 조조의 정치 계략과 강력한 군사력을 이겨내지 못해 결국 포위를 풀고 퇴각했다. 하지만 더 큰 이유는 조조와 손잡은 손권이 관우의 후방을 공격해 형주가 위험해졌기 때문이었다.

손권이 치밀한 전략에 따라 모든 배치를 마친 후, 심양潯陽으로 간 여몽이 구체적인 형주 공격 계획을 세웠다. 이때가 건안 24년(219년) 윤10월

신이 된 영웅 관우

이었다.

11월, 여몽이 형주를 기습했다. 관우군을 속이기 위해 무장한 병사는 선창 안에 숨기고 노 젓는 병사는 장사치처럼 흰옷을 입히고 장강 상류로 이동했다. 강가 초소의 관우군은 당당하게 지나가는 배들을 봤지만 장사꾼 상선이라고 생각하고 제대로 확인하지 않아 곧 포로 신세가 되었다. 여몽은 쉽게 첫 승리를 거두며 남군에 도착했다. 오나라군이 워낙 신속하고 은밀하게 움직여 어떤 소식도 새어나가지 않았다. 관우군 병사가 대부분 포로로 붙잡히고 여러 성이 함락되어 형주 땅이 순식간에 오나라로 넘어갔지만, 관우는 아무것도 몰랐다.

여몽은 거침없이 진군해 부사인이 지키는 공안에 도착했다. 그러나 바로 공격을 강행하지 않고 우번을 보내 항복하라고 설득했다. 우번이 공안 성문에서 외쳤다.

"부 장군에게 할 말이 있으니 우번이 왔다고 전해 주시오."

그러나 부사인이 항복을 권유하러 온 줄 알고 만남을 거부하자 우번이 서신을 보냈다.

똑똑한 사람은 미리 대책을 세우고 지혜로운 사람은 다가올 재앙을 예측하는 법입니다. 무엇을 얻을 수 있고 무엇을 포기해야 하는지 알아야 제대로 처신할 수 있고, 길흉을 구분해야 삶과 죽음을 예측할 수 있습니다. 우리 군대가 여기까지 왔지만 장군의 정찰병은 아무것도 하지 못했습니다. 봉화 신호 하나 올리지 못한 채 우리의 포로가 되었으니까요. 이것은 하늘의 뜻이 아니라, 장군 군대에 우리와 내통한 자가 있기 때문입니다. 장군은 미리 대비도 하지 못했고 대세는 이미 기울었는데, 여전히 흐름을 외면하고 있습니다. 지금 투항하지 않고 성문을 걸어 잠근 채 죽음을 불사하고 싸운다면, 모든 병사와 백성을 몰살시켜 세상의 비웃음을 살 것입니다. 여몽 장군이 남군을 차지했으니 곧 모든 육로를 차단해 적의 퇴로를 막을 것입니다. 장군은 독 안에 든 것이나 다름없으니 도망치려 한다면 죽음을 피하지 못할 것입니다. 그때 가서 투항하는 것은 의롭지 못한 행동입니다. 진심으로 장군을 걱정해서 하는 말이니, 심사숙고하길 바랍니다.

부사인은 이 서신에 마음이 움직여 성문을 열고 투항했다.

이후 우번이 "관우군은 간사한 무리이니, 이곳에 우리 병사를 남겨 지키게 하고 부사인은 데려가야 한다."라고 제안해 여몽이 그대로 따랐다. 유비의 처남인 남군 태수 미방은 여몽이 투항한 부사인을 앞세우고 압박하자 망설임 없이 바로 투항했다.

미방과 부사인은 형주를 지키던 관우군 장수 중 손꼽히는 인재였다. 이 두 사람이 과연 우번의 말 몇 마디에 넘어가 투항한 것일까? 더구나 미방은 유비의 처남임에도 저항 한 번 하지 않고 투항해 버렸다.

사실 두 사람이 투항한 진짜 이유는 따로 있었다. 일단 평소 거만한 관우가 자신을 무시한다고 생각했다. 또한 이번에 관우군이 양양을 공격할 때 군수품 공급 임무를 맡은 이들이 최선을 다하지 않아 관우가 가만두지 않겠다며 공개적으로 으름장을 놓은 상황이었다. 이 때문에 관우가 돌아올 날을 걱정하며 전전긍긍하던 차였다.

특히 미방은 한 가지 이유가 더 있었다. 일전에 남군에서 실수로 불을 내 많은 무기가 불타는 바람에 심한 질책을 받은 후로 관우에 대한 감정이 크게 나빠졌다. 그 후 이 일을 빌미로 은밀히 접근한 손권의 설득에 이미 넘어간 상태였다. 그래서 여몽 군대가 왔을 때 고기와 술을 극진히 대접하며 투항한 것이다.

부사인과 미방의 투항으로 형주의 주도권은 완전히 오나라에 넘어갔다. 여몽은 육손을 서쪽으로 보내 의도宜都, 자귀, 지강枝江, 이도夷道를 점령하고 이릉에 주둔하면서 협구峽口를 지키게 했다. 관우가 익주로 도망가는 길목이자 유비가 지원군을 보내올 길을 철저히 차단한 것이다.

여몽은 탁월한 안목과 지혜에 무관으로서의 능력까지 뛰어난 장수였다. 오나라는 여몽의 전략 덕분에 피 한 방울 흘리지 않고 형주를 차지했다. 또한 정치적 능력도 뛰어나 민심을 잘 다스렸다. 남군 강릉에서 관우와 다른 장수의 가족을 포로로 잡았으나 후하게 대접했고 수하 병사들에게 함부로 민가를 침입하거나 약탈하지 말라고 명했다. 한번은 여몽과 같은 고향 출신 병사가 갑옷이 비에 젖을까 봐 민가에 들어가 삿갓을 들고 나오다 발각됐다. 동향 사람이라 봐줄 만도 했지만 군법을 엄격히 준수하기 위해 병사를 처형했다.

여몽이 사사로운 정에 얽매이지 않고 엄격하고 공정하게 일을 처리하며 병사들을 철저히 단속한 덕분에 강릉은 큰 혼란 없이 평화로운 상태가 유지되었다. 특히 민심 안정을 위해 아침저녁으로 사람을 보내 노인들을 돌보고 어려움이 없는지 살폈다. 아픈 사람에게 약을 나눠주고 추위와 굶주림에 시달리는 사람에게 옷과 음식을 보내줬다. 이외에 관우의 집과 재물을 그대로 두었다가 손권에게 넘겼고, 관우가 구금했던 조조군 장수 우금을 풀어줬다.

관우가 퇴각하면서 강릉 상황을 확인하려 여러 번 사람을 보냈는데 여몽은 이들에게도 매우 우호적이었다. 이들은 성안을 자유롭게 돌아다녔고 관우군 가족의 집을 돌아다니며 인부 편지를 받아 가기도 했다. 관우군은 평화로운 강릉 소식과 가족들이 무사하며 예전보다 더 잘 지낸다는 말을 듣고 강릉을 되찾을 투지가 사라졌다.

여몽은 이처럼 군심과 민심을 안정시키며 최후의 승리를 위한 발판을 마련했다. 여몽의 행적은 훗날 고대 전투의 모범 사례로 꼽히며 후대 장수들로부터 크게 존경받았다.

일례로 위나라 제왕齊王 조방曹芳 시대에 진동장군 관구검毌丘儉과 양주 자사 문흠文欽의 반란이 일어나자 왕숙王肅이 다음과 같은 계책을 내놓았다.

"과거 관우의 형주군이 한수 유역에서 우금을 항복시키고 북쪽을 노려 천하를 얻으려는 위왕의 기세를 꺾었습니다. 하지만 손권의 장군 여몽이 관우군 가족을 극진히 보살피면서 관우군은 투지를 잃었습니다."

양양에서 철수하고 형주를 잃은 관우는 북쪽의 조조와 남쪽의 손권에게 가로막혀 비극적인 최후를 맞이했다.

관우는 건안 17년(212년)에서 24년(219년)까지 8년 동안 막강한 조조 군에 맞서 형주를 지켰지만 결국 한순간에 무너졌다. 유비가 한중왕 을 자처하며 한창 세력을 넓혀 나갈 때였으나 관우는 양양을 공격하다 가 형주를 잃고 말았다.

관우가 형주를 잃은 요인에 대한 견해는 다양한데, 방심한 탓이었다고 보는 의견이 가장 많다. 관우가 방심해서 형주를 잃었다는 말은 곧 온 전히 관우 책임이란 뜻이다. 틀린 말은 아니지만 너무 단순한 결론이 다.

형주를 잃은 가장 큰 책임은 확실히 관우에게 있었다. 부사인과 미방 을 대한 태도나 방법을 비롯해 양양 전투를 위한 사전 준비가 충분하 지 못했다. 특히 육손의 속임수에 넘어가 모든 병력을 북쪽에 집중시 켜 오나라 접경 지역 수비 전투력을 떨어뜨린 것이 관우의 가장 큰 실 책이었다. 기본적으로 자신감이 과한 성격이라 형주 방어의 문제점이 눈에 보이지 않았던 것이다. 그러나 관우의 책임 외에 다른 요인도 분 명히 있었다.

첫째, 형주는 모든 군사전략가가 탐내는 전략적 요충지였다. 그랬기에 손권이 물불 가리지 않고 달려들었다. 여몽과 치밀한 계획을 세우고 속임수까지 동원했으니, 아마도 끝까지 형주를 포기할 생각이 없었을 것이다.

둘째, 관우가 칠군을 수몰시키고 대승을 거두자 조조와 손권이 크게 각성해 형세가 완전히 바뀌었다. 특히 조조와 손권이 손을 잡으면서 관우는 정치, 군사, 외교 등 모든 방면에서 상대에게 크게 뒤처졌다.

셋째, 관우는 건안 24년(219년) 7월에 양양을 공격하기 시작해 12월에 죽기까지 대략 반년 동안 조조와 손권을 위협하며 고군분투했지만 유비와 제갈량의 관심과 도움이 전혀 없었다. 나중에 위기에 처해 가장 가까운 유봉과 맹달에게 지원을 요청했으나 거절당하고 끝까지 홀로 싸워야 했다. 심지어 군량 보급이 원활하지 않아 어쩔 수 없이 손권의 식량을 빼앗아야 했다. 그래서 일부 학자들은 제갈량이 손권을 이용해 관우를 죽였다고 보기도 한다.

어쨌든 형주를 잃은 것은 관우 본인의 책임이 크지만 관우도 어쩌지 못할 여러 가지 외부 요인이 작용한 결과였다.

관우의 최후

건안 24년(219년) 11월, 번성에서 철수한 관우는 형주를 다시 탈환하고자 했다. 그러나 여몽이 이미 형주를 안정시켰고 익주로 가는 길마저 육손에게 가로막혀 진퇴양난에 빠지자 어쩔 수 없이 맥성으로 퇴각했다.

손권이 사신을 보내 투항하라 설득하면서 주연과 반장에게 관우의 퇴로를 막으라고 명령했다. 이때 반장은 협석夾石에 진을 치고 관우가 걸려

신이 된 영웅 관우

들기를 기다렸다.

관우는 오나라군 수가 너무 많아 성을 지키기 힘들다고 판단했다. 그래서 일단 항복할 것처럼 말한 뒤 사람 모양 깃발을 성벽에 세워 상대를 속이고 몰래 달아났다. 패한 군대는 원래 산처럼 무너지는 법이다. 대세가 완전히 오나라 쪽으로 기울자 관우군 병사가 대부분 떠났고 관우 곁에는 기병 10여 명만 남았다.

그해 12월, 관우가 관평, 조루趙累 등 남은 부하들과 임저현 장향으로 도망치던 중 오나라 장수 반장의 부하 마충에게 붙잡혔다. 손권은 과거 조조가 그랬던 것처럼 사로잡은 관우의 항복을 받아내 수하로 만들려고 했으나 모두가 강력하게 반대했다.

"관우는 길들일 수 없는 이리 새끼이니, 살려두면 훗날 반드시 해가 될 것입니다. 조조가 지난날 관우를 없애지 않았기 때문에 양양 전투에서 패하고 하마터면 도읍을 옮겨야 할 뻔하지 않았습니까? 그런 자를 어찌 살려두겠습니까?"

그 말에 손권은 바로 마음을 바꿔 관우 부자를 죽이라고 명했다. 한 시대를 풍미한 영웅 관우는 이렇게 생을 마감했다.

손권은 관우를 참수한 후 낙양의 조조에게 관우의 수급을 보냈다. 조조는 관우에 대한 존경을 표하며 제후의 예를 갖춰 성대하게 장례를 치렀다.

이로써 형주는 온전히 손권에게 넘어갔다. 적벽 대전 이후 조조, 손권, 유비가 치열하게 다투며 차지하려 했던 형주 공방전은 결국 손권의

낙양 관림

낙양 관림 관우묘

승리로 막을 내렸다.

형주가 평온을 되찾은 후 조조가 상소를 올려 손권을 표기장군, 가절령형주목假節領荊州牧에 임명하고 남창후南昌侯에 봉했다. 손권도 공을 세운 장수에게 관직과 작위를 내렸다. 여몽을 남군 태수, 잔릉후屛陵侯에 봉하고 1억 냥과 황금 5백 근을 하사했다. 육손을 우호군右護軍, 진서장군鎭西將軍, 누후婁侯에 봉하고 반장을 고릉固陵 태수, 진위장군, 율양후溧陽侯에 봉했다. 이외에 제갈근을 선성후宣城侯로, 반장과 함께 관우를 사로잡았던 주치朱治를 소무장군昭武將軍 겸 서안향후西安鄉侯로 봉하고 반준潘浚을 보군중랑장輔軍中郎將에 임명해 병권을 맡겼다. 여몽과 함께 남군 점령에 공을 세운 한당韓當은 편장군, 영창永昌 태수에 임명했다.

그리고 또 한 명의 공신인 전종全琮도 양화정후陽華亭侯에 봉했다. 전종은 일전에 관우 기습 전략을 제안한 일이 있었다. 당시 손권은 이미 비밀리에 전략을 세우던 중이라 보안을 유지하기 위해 전종의 제안을 무시했다. 후에 관우를 붙잡았다는 소식을 듣고 손권이 전종을 연회에 초대했다.

"일전에 제안한 계책이 아주 훌륭했소. 그때는 아무 말도 못 했지만 오늘의 승리에 분명 그대의 공도 있소."

손권은 전략 요충지 형주를 차지함으로써 천하삼분의 한 축을 담당하는 확실한 패를 확보했다. 유비의 세력 확장을 차단하는 동시에 조조에 맞설 만한 세력으로 발전했다. 반면 유비는 형주와 관우를 동시에 잃으면서 상승세가 크게 꺾였다.

당양 관릉

당양 관릉 관우묘

건안 25년(220년) 정월, 조조가 죽었다. 같은 해 10월, 조비가 헌제를 폐하고 스스로 황제가 되어 위나라를 세우고 연호를 황초로 바꿨다. 황초 원년(220년), 맹달과 유봉 사이에 다툼이 벌어졌고 수세에 몰린 맹달이 조비에게 투항했다. 이로써 유비는 대파산 동쪽 땅을 모두 잃었다.

황초 2년(촉나라 장무 원년, 221년), 유비가 관우의 복수를 위해 직접 대군을 이끌고 오나라를 공격했다. 손권은 육손에게 가절월을 내리고 대도독으로 임명해 맞섰다. 황초 3년(222년) 2월 이릉에서 맞붙었고 이후 8개월 동안 대치한 끝에 육손이 화공을 이용해 승리했다. 유비는 다급히 백제성으로 후퇴했고 황초 4년(223년) 4월에 이곳에서 병사했다.

유비는 관우의 죽음에 격분해 복수를 다짐하며 전쟁을 일으켰으나 복수는커녕 스스로 죽음을 재촉해 촉나라에 큰 손실을 가져왔다. 제갈량이 군사와 정치를 장악하고 후주 유선을 보좌했지만 촉나라는 이전의 상승세와 국력을 회복하지 못했다. 촉나라는 위나라, 오나라에 맞설 힘을 잃고 40년을 버티다가 사마씨가 장악한 위나라에 멸망하면서 삼국 중 가장 먼저 역사의 소용돌이에 휘말려 사라졌다.

| 참고자료 | **관씨 가계도**

《삼국지》의 관우 관련 기록을 살펴보면 그 아들, 딸, 손자에 대한 내용도 적지 않다.

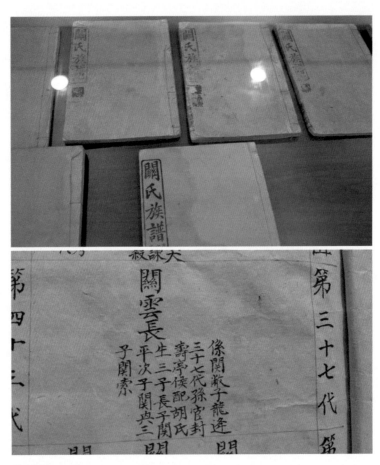

관씨 족보

- **관평**(?~219년): 관우의 아들. 유비가 익주로 간 후 형주를 지키다가 맥성 부근에서 관우와 함께 죽음.

- **관흥**關興: 관우의 아들. 자는 안국安國. 생몰년 미상. 제갈량의 눈에 들어 시중, 중감군中監軍을 지냄. 아들 관통關統이 작위를 물려받음.

- **관모**關某: 관우의 딸. 관우가 형주를 지킬 때, 손권이 며느리로 삼으려 했으나

신이 된 영웅 관우

관우가 거절함.

• **관통**: 관흥의 아들. 후주 유선의 딸과 혼인. 호분중랑장虎賁中郎將까지 올랐음. 아들이 없어 사후 관흥의 서자 관이關彝가 작위를 물려받음.

• **관이**: 관흥의 서자. 관통의 작위를 물려받음.

《촉기》를 인용한 배송지 《삼국지주해본》기록에 따르면, 방덕의 아들 방회龐會가 사마소의 장수 종회와 등애를 따라 촉나라 정벌에 나섰고, 촉나라가 항복하자 관우의 후손을 모두 죽였다고 한다. 종회와 등애가 촉나라를 정벌한 것이 위나라 원제元帝 경원景元 4년(263년) 10월이었으니 관우의 후손은 적어도 이때까지 살아 있었다. 그러나 이후 기록은 전혀 찾아볼 수 없다.

당송 이후, 관우 숭배 현상이 널리 퍼지면서 관우가 신격화되고, 청나라에 이르러 관우 후손에 대한 여러 설이 등장하고 심지어 관우 조상까지 정사에 등장하기 시작했다. 청나라 역사의 기록은 대략 다음과 같다.

관우의 시조는 하나라 관용봉이고, 조부는 한나라 간의대부諫議大夫 관심이며, 부친은 관의이다. 관우 아내의 성은 호씨이고 관색關索이라는 아들이 하나 더 있었다.

《삼국연의》에서는 관평이 관우의 수양아들로 나온다. 그러나 이는 관우 시대에서 까마득히 먼 후의 기록이기 때문에 학계에서는 인정하지 않는다.

이외에 중국 각지에서 《관씨가보》가 등장했다. 산서성 운성시 북상진 北相鎭 서고촌西古村의 《관씨가보》 필사본은 청나라 동치 9년(1870년)에, 하남성 양성襄城현 관씨 가문에 전하는 《관씨가보》는 청나라 동치 8년 (1869년)에, 하남 정주의 《관씨가보》는 강희 23년(1684년)에 정리됐고 호북 형주에서도 등장했다. 이들 《관씨가보》는 대부분 관우를 먼 조상 으로 기록했지만 청나라 때 기록이기 때문에 진위 여부를 확인할 근 거가 없다.

12장

신이 된 관우

관우의 현성^{顯聖}

관우는 8년간 형주를 지키며 큰 명성을 떨쳤지만 참수라는 비참한 최후를 맞이했다. 훗날 형주 백성들이 관우의 죽음을 안타까워하며 제사를 지내기 시작했는데, 그 규모는 나날이 커졌다. 특이한 점은 제사가 거행된 형주가 수급이 묻힌 곳이 아니라 죽은 장소라는 사실이다. 이것은 고대 중국 사회에 퍼졌던 다신^{多神} 숭배와 형초 지역 특유의 범신^{汎神} 숭배 문화와 밀접한 관련이 있다.

남방 형초 지역과 북방 중원 지역은 전통문화의 차이가 매우 크다. 남방 지역은 시대 문명이 뒤처져 신령 숭배 풍조가 강했다. 역사 기록에 따르면 형초 지역은 오래전부터 제사와 신령 숭배가 성행했다. 전국 시대 초나라 시인 굴원이 남부의 완수와 상수 유역에서 유배 생활을 할 때 귀신을 믿고 제사를 좋아하는 현지 풍속의 영향을 받아 신령에 대한 경외심과 평안을 기원하는 제사 악곡 〈구가〉를 지었다. 이 풍습은 이미 오래전부터 이 지역에 널리 퍼져 있었다.

관우가 죽은 후, 형초 사람들은 대단한 용맹과 위세를 떨쳤던 관우를 신으로 받들어 추모하는 동시에 그의 영혼이 자신의 평안을 지켜주길 기원했다. 《당양현지》 기록에 따르면, 관우가 죽은 후 현지 사람들이 매년 제사를 지내고 사당을 세웠다고 한다. 사당이 수차례 훼손되고 재건된 것을 보면 관우 숭배 활동이 끊임없이 이어져 왔음을 알 수 있다.

관우가 비참하게 죽은 탓에 처음에는 악귀를 모시는 제사였다. 관우를 쫓아버려 재앙을 피하기 위한 제사였다. 그러나 오랜 시간이 흐르는 사이 악귀가 선귀로 바뀌면서 백성들의 수호신이 되었다. 송나라 홍매의 《이견지》에 나오는 섬서성 동관 관운장묘 관련 기록을 보면 관우 제사를 지내는 지역이 북방으로 확대됐음을 알 수 있다.

동관의 관운장묘는 관부에서 멀리 떨어진 서북 외곽에 있는데, 현지 백성들이 지극정성으로 제사를 모셨다. 입구에 늘어선 수십 개 동상 중 노란 옷을 입고 깃발을 든 전령은 수염이 가득하고 화난 얼굴이라 아주 무서웠다.

여기에 기록된 묘사는 지금 우리가 알고 있는 관우의 이미지와 비슷하다.

송나라 때는 집마다 관우 사당이 있다는 기록이 있을 만큼 형주 전체에 관우 사당이 많이 세워졌다. 물론 어느 정도 과장되었겠지만 그만큼 관우 숭배가 널리 퍼졌다는 뜻이다.

당양 옥천산 옥천사

민간에서 관우 제사가 성행한 이유가 또 하나 있다. 고귀한 사람이 죽은 후에 신령이 되어 나타난다는 현성顯聖 문화 때문이다. 관련 기록을 살펴보면 수나라 때 호북 당양 옥천산에서 현성한 것이 최초였다.

당양에서 서쪽으로 15km 떨어진 옥천산은 산봉우리가 겹겹이 이어지고 폭포가 장관을 이루는 경치 덕분에 명산으로 손꼽힌다. 산 중턱에 수나라 개황開皇 연간에 지었다는 절이 있다. 천태산天台山에서 온 지의대사가 옥천산 풍경에 매료되어 이곳에 절을 지으려 했으나 하천이 많고 땅이 울퉁불퉁해 마땅한 평지가 없었다. 그래서 큰 나무 아래 가부좌를 틀고

당양 옥천산 관우 현성처

앉았는데 갑자기 금색 갑옷을 입은 신령이 나타났다.

"나는 한수정후이다. 이곳에 부처님을 모실 곳을 마련해주겠다. 7일을 기다리면 알게 될 것이다."

7일째 되는 날 밤, 산이 흔들리고 비바람이 몰아치며 천둥 번개가 쳤다. 비바람이 그친 후 하천이 사라지고 울퉁불퉁하던 땅이 평지로 변했다. 이곳에 세운 사찰이 바로 옥천사이다.

가장 유명한 관우 현성 이야기는 《삼국연의》 77회에 등장하는 '옥천산 관공 현성'이다. 이미 죽은 관우의 혼이 사라지지 않고 형주 당양 옥천

신이 된 영웅 관우

산에 머물렀다. 마침 천하를 유람하던 보정이 옥천산의 수려한 경관에 반해 띠풀을 엮어 암자를 만들고 매일 참선하고 있었다. 어느 깊은 밤, 밝은 달빛 아래 암자에서 참선하는데 갑자기 호통 소리가 들렸다.

"내 머리를 내놓아라!"

보정이 고개를 들자 세 사람이 하늘에서 구름을 타고 내려왔다. 청룡도를 들고 적토마를 탄 사람이 한가운데, 그 왼쪽에 얼굴이 하얀 장군이, 오른쪽에 검은 얼굴에 수염을 기른 시종과 함께 서 있었다. 보정이 관우를 알아보고 소리쳤다.

"운장은 어디에 있소?"

보정의 목소리에 관우의 혼이 바로 말에서 내려 바람을 타고와 암자 앞에서 합장하며 물었다.

"스님은 어떤 분이오? 법호를 알려 주시오."

"노승은 보정입니다. 지난날 사수관 진국사에서 군후를 만난 적이 있지요. 설마 잊은 것이오?"

"그때 날 구해줬는데 어찌 잊겠소? 지금 나는 화를 당해 죽었으니, 가르침을 주시오."

"인생의 모든 일은 원인과 결과가 맞아떨어지는 법이니, 틀림이 없습니다. 군후가 여몽에게 죽임을 당했다고 머리를 내놓으라고 소리친다면 군후에게 죽은 안량과 문추, 그리고 오관의 여섯 장수는 누구에게 머리를 내놓으라 하겠습니까?"

관우가 크게 깨닫고 머리를 조아리고 불교에 귀의했다. 그 후 옥천산에 관우의 현성이 자주 나타나 백성들을 보살폈다. 사람들은 관우의 은덕을 기리고 보답하기 위해 옥천산 꼭대기에 옥천묘를 짓고 계절마다 제사를 지냈다. 훗날 옥천묘 기둥에 다음과 같은 대련구가 걸렸다.

붉은 얼굴에 붉은 마음으로, 赤面秉赤心

적토마를 타고 바람을 쫓네. 騎赤兔追風

말을 달릴 때, 馳驅時

한시도 적제를 잊지 않았네. 無忘赤帝

푸른 등불 켜고 푸른 역사 읽으며, 青燈觀青史

청룡언월도 들었네. 仗青龍偃月

어두운 곳에서도, 隱微處

푸른 하늘을 우러러 부끄러움이 없네. 不愧青天

관우의 현성은 관공 신격화의 중요한 촉매제였다. 현성 이야기가 널리 퍼지면서 관우는 평범한 인간을 뛰어넘어 불교와 도교 등 여러 종교와 사상에서 앞다투어 떠받드는 신적인 존재가 되었다.

관우의 시호

관우 사후 첫 번째 시호는 그를 죽인 손권이 내린 것이다. 건안 24년

(219년), 손권이 관우를 충의후忠義侯에 봉했고, 그로부터 41년 후 촉나라 후주 유선이 경요景耀 3년(260년)에 장무후壯繆侯에 봉했다. 그 후 수백 년 동안 민간에서 관우 제사를 지냈을 뿐, 국가가 주도한 제사나 추모 행사는 없었다.

위진남북조 시대에 관우를 비롯한 삼국 역사 영웅 이야기가 민간에 널리 퍼져 나갔다. 이때 관우와 장비의 용맹을 나란히 찬양하는 관장지용關張之勇이라는 말이 유행했다. 그러나 각지에 관우묘가 등장하면서 관우에 대한 평가와 영향력이 장비를 능가하기 시작했다.

수나라 시대에 관우가 불교에 귀의했다는 이야기가 등장하면서 신비로운 전설이 점점 많아졌다. 특히 황제와 관련된 이야기가 많아지면서 정치와 종교적인 영향력이 강해져 장비는 더 이상 비교 상대가 되지 못했다.

당나라 덕종 건중建中 3년(782년), 관우는 장비, 주유, 등애, 육손, 여몽 등과 함께 무성왕 강태공묘 신단에 올랐다. 관우가 국가 차원의 제사에 등장한 것은 이때가 처음이었다. 이즈음 관우를 묘사한 시가 작품도 나타나기 시작했다. 당나라 현종 시대 시인 낭사원은 영웅 관우의 모습을 노래한 〈관우사송고원외환형주〉關羽祠送高員外還荊州를 지었다.

북송 시대 들어 관우의 신성한 지위가 더욱 강해졌다. 신종 원풍 4년(1081년)에 옥천사를, 철종哲宗 원우元祐 7년(1092년)에 해현 관제묘를 중건했다. 소성紹聖 3년(1096년)에 철종이 옥천사에 '현렬묘'顯烈廟라고 쓴 편액을 하사하면서 송나라 황제들이 경쟁적으로 관우의 시호를 내리기 시작했다.

관우의 정치 영향력과 지위가 비약적으로 올라간 것은 송나라 휘종

조길趙佶 때였다. 숭녕崇寧 원년(1102년), 충혜공忠惠公에 봉해진 관우는 충의 후, 장무후 등 기존의 후작侯爵 지위를 뛰어넘어 공작公爵 반열에 올랐다. 이듬해 도교에 심취한 휘종이 도사 장계선이 지어낸 관우의 현성 이야기에 감동해 숭녕진군에 봉하면서 도교의 영향력과 지위까지 더해졌다. 5년 후 대관大觀 2년(1108년), 관우를 다시 소열무안왕昭烈武安王에 봉해 공작에서 왕으로 추존하며 지위를 더욱 높였다. 선화宣和 5년(1123년), 내우외환으로 온 나라가 혼란한 상황이었지만 휘종은 계속 시호를 내려 관우를 의용무안왕義勇武安王에 봉했다. 이때부터 관우는 무성왕 강태공묘에서 벗어나 독립 사당의 주신이 되었다. 관우의 시호는 이후에도 몇 차례 더 추가되어 휘종은 1101년부터 1125년까지 재위 25년 동안 4차례에 걸쳐 관우에게 여러 개의 관직을 내렸다. 그만큼 관우를 중요하게 생각했다는 의미일 것이다.

송나라가 남쪽으로 밀려난 후에도 관우의 위상은 굳건했다. 1127년, 고종高宗 조구趙構가 남송을 건국하고 연호를 건염建炎으로 정했다. 이듬해 나라가 안정되기도 전에 서둘러 관우를 장무의용무안왕壯繆勇武安王으로 봉했다.

수십 년 후 효종孝宗이 순희淳熙 14년(1187년)에 다시 관우를 장무의용무안영제왕壯繆勇武安英濟王으로 봉했다.

도교에 심취해 도군 황제라 불린 휘종을 비롯해 15명의 송나라 황제가 관우에게 작위를 내린 덕분에 관우는 오랫동안 왕의 지위를 유지했다. 이 고귀한 시호는 이후 관우 숭배 풍조에 큰 영향을 끼쳤다.

한편 여진족이 세운 금나라는 관우 숭배를 통해 충의 사상을 널리 권장했다. 주군에 충성한 관우를 본받아 백성들이 조정에 충성하도록 유도하기 위함이었다. 현존하는 관우 초상화 중 가장 오래된 작품이 등장한 것도 금나라 때였다. '평양부서가'平陽府徐家라는 서명이 들어간 〈의용무안왕위〉義勇武安王位라는 작품인데, 현재 러시아 상트페테르부르크 에르미타슈 박물관에 소장되어 있다.

이후 원나라는 관우를 가람보살로 숭배했다. 송나라 휘종이 도교 사상을 접목시킨 데 이어 다시 한 번 종교와 결합해 이번에는 불교의 신이 되었다. 이 시기에 삼국 이야기를 소재로 한 화본소설과 희곡 등 수많은 문학작품이 탄생했다. 특히 관한경의《단도회》처럼 관우를 주인공으로 내세운 작품이 많아졌고, 이런 경향은 후대 삼국 이야기와 문학작품까지 이어졌다.

명나라 때는 도교를 기반으로 관우 숭배가 널리 퍼졌다. 명나라 초기에는 관우의 지위가 그전보다는 못했다. 홍무洪武 원년(1368년), 태조太祖 주원장朱元璋이 이전 황제들이 관우에게 내린 모든 작위를 폐하고 관우 생전에 조조가 내렸던 한수정후로 되돌리라고 명했다. 무종武宗 주후조朱厚照는 정덕正德 4년(1509년)에 관우를 충무忠武에 봉하고 전국 각지의 관묘 명칭을 충무묘忠武廟로 통일하도록 했다.

그러나 명나라 신종 주익균朱翊鈞 시기부터 관우의 지위가 크게 올라가기 시작했다. 관우는 만력萬曆 10년(1582년)에 협천대제協天大帝가 되고, 만력 18년(1590년)에 다시 협천호국충의제協天護國忠義帝, 혹은 협천대제호국진군協天

大帝護國真君에 봉해졌다. 만력 22년(1594년, 만력 23년 1595년이라는 기록도 있음), 신종이 해주 숭녕궁崇寧宮 도사 장통원張通元의 요청에 따라 관우를 제帝의 반열에 올리고 관묘 이름을 충무에서 영렬英烈로 단계를 높였다. 만력 42년(1614년) 10월 10일, 관우를 대제大帝 반열인 삼계복마대제신위원진천존관성제군三界伏魔大帝神威遠鎮天尊關聖帝君으로 봉하고 사례司禮 이은李恩에게 면류관과 곤룡포를 바치라고 명했다. 이로써 관우는 도교의 최고 신이 되어 관제라 불리고, 관우묘도 관제묘라 불렸다. 또한 신종은 관우뿐 아니라 관우의 부인, 아들, 부하에게도 작위를 내리고 추존했다. 관우 부인은 구령의덕무숙영황후九靈懿德武肅英皇后, 장남 관평은 갈충왕竭忠王, 차남 관흥은 현충왕顯忠王, 관우 부하 주창은 위령혜용공威靈惠勇公으로 봉했다.

명나라 말기 숭정 연간(1628~1644년)에 이르러 사종思宗 주유검朱由檢이 관우를 문성文聖이라 불리는 공자와 대등한 지위에 올리기 위해 무성武聖 관부자關夫子라 불렀다.

훗날 청나라 통치자는 중원을 차지하기 전부터 관우 숭배 사상의 막강한 영향력에 주목했다. 청나라 2대 황제 태종 홍타이지는《삼국연의》 이야기에 빗대 자신은 유비, 몽골 왕을 관우로 칭하곤 했다. 몽골 왕을 한편으로 끌어들이기 위해 유비, 관우, 장비의 도원결의 일화를 이용한 것이다. 숭덕崇德 8년(1643년)에는 청나라의 첫 번째 수도였던 성경盛京(심양沈陽의 옛 이름)에 관제묘를 세우고 의고천고義高千古라 쓴 편액을 하사했다.

청나라는 북경으로 천도한 후에도 관묘를 지어 관우를 숭배했다. 세조가 순치順治 9년(1652년)에 관우를 충의신무관성대제忠義神武關聖大帝에 봉하고, 순치 12년(1655년)에 〈중건충의묘비기〉重建忠義廟碑記를 직접 지어 관우의 충의 사상을 강조했다. 성조聖祖가 강희 42년(1703년)에 서쪽 지방을 순행하며 관우 고향을 지날 때 관제묘를 방문해 직접 의병건곤義炳乾坤이라고 쓴 편액을 하사하고 황금 천 냥을 들여 관묘를 중건했다.

청나라 때는 성조 강희제를 제외한 모든 황제가 관우에게 시호를 내렸다.

옹정 3년(1725년), 세종世宗이 전국 각지에 관성대제묘를 짓고 봄과 가을에 천자의 예를 갖춰 제사를 지내라는 명을 내렸다. 또한 낙양과 해주의 관씨 후손을 오경박사로 임명하고 대를 이어 관우의 제사를 지내게 했다. 옹정 8년(1730년), 관제묘를 무묘武廟로 바꾸고 5월 13일을 관우 탄생일로 정해 특별 제사를 지냈다. 이때부터 관우는 문성 공자와 어깨를 나란히 하는 명실상부한 무성으로 등극했다. 옹정 12년(1734년), 세조가 관제묘 후전後殿 비문 〈숭사삼대비문〉崇祀三代碑文을 직접 지으며 관우를 '신'이라 칭했다. 또한 관우의 증조부를 광소공, 조부를 유창공, 부친을 성충공으로 추존하고 후전에 함께 모셨다.

건륭 33년(1768년), 고종이 관우의 시호가 여전히 부족하다고 여겨 장무후를 신용神勇으로 바꾸고 영우靈佑를 추가해 '충의신무영우관성대제'라고 불렀다. 가경 19년(1814년), 인종仁宗이 '충의신무영우'에 인용仁勇을 추가해 '충의신무영우인용관성대제'忠義神武靈佑仁勇關聖大帝로, 선종宣宗이 도광道光 연간(1821년~1850년)에 위현威顯을 추가해 '충의신무영우인용위현관성대제'忠義神武靈佑仁勇威顯關聖大帝로 불렸다. 문종文宗은 함풍咸豊 2년(1852년)에 호국護國을, 함풍 3년(1853년)에 보민保民과 정성수정精誠綏靖을 추가해 '충의신무영우인용위현호국보민정성수정관성대제'忠義神武靈佑仁勇威顯護國保民精誠綏靖關聖大帝라 불렀다. 함풍 5년(1855년)에는 관우의 증조부를 광소왕光昭王, 조부를 유창왕裕昌王, 부친을 성충왕成忠王으로 추존했다. 다시 동치 9년(1870년)에 목종穆宗이 익찬翊贊을, 광서光緖 5년(1879년)에 덕종이 선덕宣德을 추가했다.

청나라 황제들이 수차례 시호를 추가한 끝에 최종 시호는 다음과 같이 되었다.

충의신무영우인용위현호국보민정성수정익찬선덕관성대제
忠義神武靈佑仁勇威顯護國保民精誠綏靖翊贊宣德關聖大帝

역대 왕조의 여러 황제들이 내린 시호를 살펴보면 관우 숭배 문화가 어떻게 형성되었는지, 관우가 역대 통치자와 백성들에게 어떤 존재였는지 잘 알 수 있다.

신으로 숭배되다

관우는 한나라 때 제후, 송나라 때 왕, 명나라 때 대제가 되었고 유교에서 성인, 불교에서 석가, 도교에서 천존天尊으로 불렸다. 이러한 명칭은 역대 조정과 종교에서 관우가 어떤 존재였는지 명확히 보여준다. 관우의 영향력이 커질수록 유교, 불교, 도교 등 여러 종교에서 관우를 숭배하고 신으로 모셨다.

유교, 불교, 도교는 중국의 대표적인 고대 종교이다. 이 중 유교는 기본적인 종교 요소나 특징이 부족해 종교라기보다는 사상 체계에 가깝다. 인류학 및 사회학 관점에서 볼 때 일반적으로 종교가 갖춰야 할 우상, 신도, 신비주의 사상, 술법, 신앙, 의식, 규범, 금기, 신화 등의 요소를 갖추지 못했기 때문이다. 유교는 사회 질서의 밑바탕이 되는 완벽한 체계를 갖춘 사상이지만 전란이 끊이지 않는 극도로 혼란한 사회에서는 중요한 역할을 발휘하지 못했다. 그 빈틈을 파고 중원에 널리 퍼진 외래 종교가 불교였다. 불교는 현세에 치중하는 유교와 선명한 대조를 이루며 내세의 행복을 추구함으로써 전란으로 고통 받는 백성들의 약한 마음을 파고들었다.

유교는 관우의 충의와 용맹을 높이 평가했다. 그래서 이 단어는 역대 황제들이 관우의 시호를 내릴 때 빠지지 않고 등장했었다. 충의와 용맹을 장려해 효과적으로 나라를 다스리고 백성을 안정시키기 위함이었을 것이다.

외래 종교인 불교는 동한 명제 때 중국에 들어와 서서히 뿌리를 내리다가 위진남북조 시대에 이르러 신도가 크게 늘어 대표적인 민간 종교로 자리 잡았다. 불교가 관우를 신으로 추앙한 최초의 기록은 수나라 시기였다. 이때까지 민간에 퍼진 관우의 현성 이야기는 대부분 불교에서 기인했다.

천태종 제4대 조사祖師이자 실질적인 창시자로 인정받는 수나라 고승

지의대사는 양나라가 무너지기 직전인 경제 소방지蕭方智 태평太平 원년(556년)에 출가해 수나라 문제 양견楊堅 개황 17년(597년)에 열반했다. 평생 35곳에 큰 절을 지었으며, 불가에 귀의시킨 승려가 4천여 명, 직접 불법을 전수한 제자가 32명으로, 중국 불교사에서 큰 공헌을 해 천태대사天台大師로 불리기도 한다. 당시 지의대사는 수많은 조정 대신과 왕래하고 훗날 양제가 되는 진왕 양광이 그의 제자를 자처할 만큼 막강한 영향력을 가지고 있었다. 양광이 관우의 현성 이야기를 듣고 지의대사의 제안에 따라 문제에게 상소를 올리고 옥천사를 세웠다.

중국의 4대 사찰 중 하나인 옥천사는 대대적인 규모를 자랑한다. 지의대사가 이곳에서 관우의 혼령에게 보살계菩薩戒(보살이 지켜야 할 계율)를 내리는 성대한 의식을 치러 정식으로 관우를 불가에 귀의시키고 가람보살로 받들었다. 그 후 항주 영은사靈隱寺, 산서성 교성交城 천녕사天寧寺 등 여러 사찰에서 앞다투어 관우를 호법신으로 받들었다.

도교는 도가 사상이 발전한 중국의 토착 종교로 대략 동한 순제順帝(재위 기간 126~144년) 시기에 형성되었다. 불교 전래로부터 70여 년이 지난 시점이라 거의 같은 시대라고 볼 수 있다. 다시 말해 내우외환이 끊이지 않으며 극도로 혼란스러웠던 동한 말기 사회가 두 종교의 발전 토대가 된 셈이다. 도교와 불교는 위진남북조 시대의 종교 발전 황금기를 거치며 규모와 영향력을 더 크게 확대했다.

도교는 송나라에 이르러 관우를 도교 신으로 받들기 시작했다. 휘종 시기, 치우가 노해 해주 염지가 마르자 용호산龍虎山 도사로 도교 30대 천사^師가 된 허정진인^{虛靜眞人} 장계선이 옥천산에서 관공 현령을 기원하는 제사를 지냈다. 이에 청룡언월도를 든 관우가 저승 군대를 이끌고 나타나 치우를 쫓아내자 염지 물이 다시 차올랐다고 한다. 장계선이 관우의 공을 치하하자는 상소를 올리자 휘종이 관우를 불러내라고 명했다. 관우가 나타나자 휘종이 깜짝 놀라 숭녕전^{崇寧錢}을 던지며 '이 돈을 하사하고 작위를 내리겠다.'라고 말한 데서 숭녕진군이라는 명칭이 유래됐다.

명나라 때부터 관우의 도교 지위가 크게 높아졌다. 특히 신종은 재위 17년 동안 4차례에 걸쳐 관우에게 작위를 내렸다. 만력 10년(1582년)에 협천대제, 만력 18년(1590년)에 협천호국충의제로 봉했다. 만력 22년(1594년)에 도사 장통원의 요청으로 제^帝의 반열에 올리고 만력 42년(1614년)에 '삼계복마대제신위원진천존관성제군'으로 봉했다. 이로써 관우의 도교 지위가 정점에 올라 수많은 도교 신도들이 그를 지존으로 떠받들었다.

이처럼 고대 중국 종교의 중심이었던 유교, 불교, 도교가 모두 관우에게 막강한 지위를 부여했다. 이와 같은 사례는 중국 역사를 통틀어 거의 찾아볼 수 없는 일이다. 봉건 시대의 유일무이한 절대신으로 등극한 관우는 오늘날까지도 영향을 끼치고 있다.

관묘와 제사

무장으로서 동한 말기를 풍미한 관우는 사후에 수많은 통치자가 열

청말 민국 시기의 산서성 만영현 갑부인 이자용의 자택인 이가대원에도 관묘가 있다.

렬히 추앙하고 백성들이 진심으로 존경하고 받들었으며, 나아가 유교, 불교, 도가 등 여러 사상과 종교에서도 경배의 대상이었다. 이런 숭배가 오랫동안 이어져 만백성이 우러러보는 전지전능한 수호신이 되었다. 이런 사례는 중국 역사를 통틀어 유일무이하며 이 특별함은 관묘 건설 과정에서도 찾아볼 수 있다.

민간에서는 관우가 죽은 후 꾸준히 제사를 지내왔다. 그러나 당나라 무렵까지 무묘에 다른 영웅과 함께 모셨고 독립된 사당은 없었다. 송나라 중기 이후 관우 숭배 열기가 높아지고 관우의 지위가 올라가면서 독립

신이 된 영웅 관우

허창 춘추루 관공상

사당이 등장했다.

　송나라 때부터 전국 각지에 관묘를 세우기 시작해 원나라 때는 '의용 무안왕묘'가 천하를 뒤덮었다는 말이 있을 정도였다. 청나라 건륭제 시대 에 제작한 도성 지도에 표시된 관묘가 무려 116개에 달했다. 특히 자금성 에 4곳, 원명원에 6곳이 몰려 있었다.

　현대 통계 자료에 따르면, 오늘날 도시와 농촌, 산간 등지에 남아 있는 관묘가 천여 곳이 넘는다. 이 중 운성 관묘, 낙양 관림關林, 당양 관릉關陵, 형주 관묘는 웅대한 규모와 역사를 자랑하는 4대 관묘로 손꼽힌다.

운성 관묘는 관우의 고향으로 알려진 산서성 운성시에 있다. 수나라 문제 개황 9년(589년)에 처음 세웠고 청나라 때 중건했다. 13만 평방미터 면적에 웅장한 건물이 조화롭게 배치되어 관묘지조關廟之祖라 불리는 명실 상부한 중국 최고의 관묘이다. 특히 이곳 건축물은 현존하는 궁전식 도교 건축 중 최대 규모를 자랑한다.

낙양 관림은 관우의 수급이 묻힌 하남성 낙양시 관림진에 있다. 한나라 때 처음 세우고 명나라 만력 20년(1592년)에 중건했으며, 면적은 12만 평방미터이다. 관우묘 앞에 오래된 측백나무 천 그루가 숲을 이뤄 관림이라 불렸는데, 림林은 유교 성인의 무덤을 가리키는 말이기도 하다. 낙양 관림은 림의 형태가 결합된 유일한 관묘이다.

당양 관릉은 관우의 몸이 묻힌 호북성 당양시에 있다. 면적이 4만 6천 평방미터이고, 중심축 좌우로 대칭을 이루는 전형적인 능陵(황제의 무덤) 배치가 특징이다. 명나라 가정제 연간에 황궁을 방불케 하는 기본 배치 건물을 세웠고 청나라 동치제가 손수 '위진화하'威震華夏라고 쓴 편액이 대전에 걸려 있다.

형주 관묘는 호북성 형주시 고성 남문에 있다. 이곳은 관우가 형주를 지킬 때 머물던 관저 터로, 명나라 태조 홍무 29년(1396년)에 처음 세우고 1985년에 중건했다.

4대 관묘에 꼽히지는 못했지만 중국을 비롯해 세계 각지에 유명한 관묘가 아주 많다.

복건福建성 동산東山현 동릉銅陵진 호루산岵嶁山에 위치한 동산 관묘는 명

낙양 관림 조성대전

나라 홍무 20년(1387년)에 지었으며, 산을 등지고 바다를 바라보는 뛰어
난 경관으로 유명하다.

하남 허창 춘추루는 관우가 촛불을 켜고 밤새 《춘추》를 읽었다고 전
해지는 곳이다. 원나라 연우延祐 원년(1314년)에 처음 지었고, 명나라 때 춘
추루를 중심으로 궁전식 건축물을 증축해 허창관제묘라고 불렀다. 비교
적 최근에 보수했다.

티베트 시가체 관묘는 히말라야 산중턱에 있다. 청나라 강희 60년
(1721년), 중가르 반란을 평정한 후 이곳에 주둔한 청나라 군대가 시가체

산서 운성 관공 문화절 관공제 참배 모습

형주 관공제 모습

신이 된 영웅 관우

에 관묘를 짓고 티베트에 관우 사상을 전파했다. 훗날 건륭제가 파견한 복강안福康安이 구르카 군대와 싸울 때 청나라 군대에 도움이 되는 기이한 현상이 일어났다. 이를 관우의 현령으로 여겨 1792년에 시가체 관묘를 중건했다.

흑룡강黑龍江 호두虎頭 관재신묘關財神廟는 우수리강 서쪽에 위치한 중국 최북단 관묘이다. 흑룡강 동편은 러시아 달네레첸스크이고, 서편은 중국 흑룡강성 호림虎林현 호두진이다. 강에서 50m 떨어진 곳에 숲으로 둘러싸인 아담한 관묘가 있다. 이 지역은 옹정 연간(1723~1735년)에 백두산과 우수리강 부근 산삼을 캐러 오는 사람들이 몰려들어 번화하기 시작했다. 시간이 흘러 도시가 형성되고 재물이 모이자 호두산에 관재신묘를 세웠다.

광서廣西 공성恭城 무묘는 공성현 성서산城西山 남쪽에 있다. 50m 떨어진 곳에 문묘가 있어 문묘와 무묘를 한눈에 볼 수 있다. 공성 무묘는 관제묘로도 불리며, 명나라 만력 31년(1603년)에 지었다. 면적이 약 2천 평방미터로, 광서 지역 최대 규모이고 웅장한 건축물이 잘 보존되어 있다.

홍콩 문무묘는 빅토리아 피크 북쪽 할리우드 로드에 있다. 청나라 도광 30년(1850년) 겨울에 재건했고, 무성 관우와 문창제군文昌帝君(학문을 관장하는 도교의 신)을 모시고 있다. 홍콩의 기업경영인이나 금융업계 사람들이 즐겨 찾는다고 한다.

타이베이台北 성수궁聖壽宮은 청나라 강희 23년(1684년)에 처음 지었다. 원래 석수당錫壽堂이라고 불렸는데, 전쟁으로 크게 훼손되어 1988년에 위치를 옮겨 재건했다. 영성각迎聖閣 한가운데 관성제군이 있고, 왼쪽에 관평

태자와 장선대제張仙大帝, 오른쪽에 주창 장군과 제천대성齊天大聖을 함께 모셨다.

이외에 일본, 한국, 싱가포르, 태국, 베트남, 미얀마, 필리핀, 말레이시아, 인도네시아, 동티모르 등 해외 화교들이 모여 사는 곳에도 관묘가 있다. 대한민국 서울의 관묘는 명나라 만력 27년(1599년)에 세운 최초의 해외 관묘이다. 해외 관묘는 아시아뿐 아니라 미국, 캐나다, 호주, 남아프리카공화국까지 퍼져 있다.

현대 사회의 경제, 문화가 크게 발전하면서 관묘는 제사뿐 아니라 다양한 문화 활동이 벌어지는 축제의 장이 되었다.

낙양 관림은 1994년부터 국제조성대전國際朝聖大典을 개최하고 있으며, 매년 수많은 참배객이 찾아온다. 운성 관묘에서도 매년 문화와 경제 분야가 어우러진 관공문화절이 열린다. 형주 관묘에서 매년 열리던 관공제사대전은 형주시 정부가 직접 주관하면서 2013년부터 관공문화절로 이름이 바뀌었다.

복건성 동산현 관제문화절은 매년 음력 5월 13일 관공 탄생일에 열린다. 동산현은 타이완과 가장 가까운 지역이기 때문에 전통적으로 타이완과 교류가 활발했다. 동산 관제문화절은 양안 민간 교류의 장이자 해외 화교들의 민족정신과 유대감을 높여주는 중요한 매개체 역할을 해오고 있다.

하남河南 사기현에서 열리는 사점賒店 관공문화절은 2014년에 처음 시작되었다. 사기현 사점고진박물관賒店古鎭博物館에서 열리는 이 행사의 참가

자는 중국 국내는 물론 타이완, 브루나이, 태국에서도 온다.

광서 공성 관공문화절은 매년 음력 5월 12일에 열리며, 3년마다 성대한 전통 관공 제사 의식을 거행한다.

말레이시아 관노야문화협회關老爺文化協會는 2015년 6월 23일, 말레이시아 셀랑고르주에서 제1회 국제관공문화절을 개최했다. 중국, 인도네시아, 싱가포르, 베트남, 말레이시아 등지에서 온 학자 300명이 모여 관공 정신이 현대 사회 발전에 끼치는 긍정적 영향에 대해 토론했다.

중국에서는 관공문화절 외에 삼국문화절 행사도 열리는데, 대부분 관공 문화와 관련된 내용이라 관공 정신을 알리는 효과가 크다.

중국 각지에 대규모 관묘를 세운 것도 모자라 다양한 관공 문화 행사를 개최하고 있으니 오늘날에도 관우 숭배 열기가 대단하다는 것을 알 수 있다. 중국 국내외에서 열리는 수많은 관공 문화 행사를 통해 관공 정신의 강한 생명력을 느낄 수 있다.

배송지가 주해한
《삼국지·촉서·관우전》

관우는 자가 운장이고, 본래 자는 장생이다. 하동군 해현 사람이나 탁군으로 달아났다. 선주가 향리에서 무리를 모으니, 관우와 장비가 그를 도와 적을 물리쳤다. 선주가 평원상이 되어 관우와 장비를 별부사마로 삼아 군대를 나누어 통솔하게 했다. 선주가 두 사람과 같은 침상에서 함께 잠자고 은혜로움이 형제와 같았다. 그러나 뭇 사람이 모인 곳에서는 종일 시립하고 선주를 따르며 고난과 위험을 피하지 않았다.

《촉기》에 이르길; '조공과 유비가 하비에서 여포를 포위했다. 관우가 조공에게 묻기를, 여포가 진의록을 보내 구원을 요청했다 하며 그의 아내를 달라고 하였고 조공이 이를 허락했다. 막 여포를 물리치려 할 때 관우가 한 번 더 청하였다. 조공은 진의록의 아내가 대단한 미인이라 생각해 먼저 사람을 보내 데려와 곁에 머물게 하니, 관우의 마음이 편치 못했다.' 이것은 《위씨춘추》魏氏春秋와 다름이 없다. 선주가 서주 자사 차주를 죽이고 관우에게 하비 수비와 태수 임무를 맡겼다. 《위서》에 이르길, 관우에게 서주를 맡기고 소패로 돌아갔다라고 했다.

건안 5년, 조공이 동쪽을 공격하자 선주가 원소에게 투항했다. 조공이 관우를 잡아 투항시켜 편장군에 봉하고 후하게 대우했다. 원소가 장수 안량을 보내 백마에서 동군 태수 유연을 공격하도록 하자 조공이 장료와 관우를 선봉으로 보냈다. 관우가 마차 깃발을 보고 적진을 뚫고 들어가 안량을 죽이고 돌아갔다. 원소군이 당해내지 못해 백마의 포위를 풀었다. 이에 조공이 관우를 한수정후에 봉했다. 처음에 조공은 관우의 용맹과 사람됨을 높이 샀으나 그가 오래 머물 뜻이 없음을 알고 장료에게 말했다.

"경이 가서 그의 뜻을 물어보시오."

장료가 가서 물으니 관우가 한숨을 쉬었다.

"조공이 잘해주는 것은 알지만, 나는 유 장군의 은혜를 입었고 한날한시에 죽기를 맹세했으니 배신할 수 없네. 언젠가 떠나겠지만 반드시 조공의 은혜를 갚고 떠날 것이네."

장료가 관우의 말을 전하자 조공이 그의 의리를 높이 샀다.

《부자》에 이르길; 장료는 태조에게 솔직히 말하려니 관우를 죽일까 봐 걱정이고, 진실을 숨기자니 신하의 도리가 아니기에 고민하며 탄식했다.

'조공은 어버이고, 관우는 형제로다.'

이에 사실대로 말하자 태조가 '주군을 섬기는데 근본을 잊지 않으니 천하의 의인이다. 언제 떠난다 했는가?'라고 했다.

"주공의 은혜를 입었으니, 반드시 보답한 후에 떠날 것입니다."

관우가 안량을 죽이자 조공은 그가 떠날 것을 알고 후한 선물을 내렸다. 관우는 받은 것을 모두 봉하고 작별 서신을 쓴 후 선주를 찾아 원소 진영으로 달려갔다. 부하들이 관우를 쫓으려 했지만 조공이 말하길, 각기 주인이 있는 법이니 쫓지 말라고 했다.

"신(배송지)의 생각은 이러합니다. 조공은 관우가 오래 머물지 않을 것을 알고 그 뜻을 존중했기에 의리 있다 하여 뒤쫓지 않았습니다. 만약 군왕의 도량이 없다면 누가 이렇게 할 수 있겠습니까? 실로 조공의 미덕이라 할 수 있습니다."

선주가 유표에게 의탁했다. 유표가 죽고 조공이 형주를 평정하자, 선주는 번성에서 남쪽으로 이동해 강을 건너려 했다. 관우에게 따로 배 수백 척을 이끌게 하고 강릉에서 만나기로 했다. 조공이 당양 장판까지 쫓아오고 선주는 한진에 도착해 관우를 만나 함께 하구로 갔다.

《촉기》에 이르길; 당초 유비가 허도에서 조조와 함께 사냥을 나갔다. 사냥터에서 사람들이 흩어지자 관우가 조공을 죽이라고 권했으나 유비가 따르지

신이 된 영웅 관우

않았다. 이제 하구에서 강가를 전전하자 관우가 화를 냈다.

"그때 사냥터에서 내 말에 따랐으면 오늘의 어려움은 없었을 것입니다."

유비가 대답했다.

"그때는 나라를 위해 아꼈을 뿐이다. 만약 하늘이 공정하다면 이 또한 복이 될지 누가 알겠느냐?"

"신의 생각은 이러합니다. 유비와 동승이 결탁했으나 일이 누설되어 성공하지 못했을 뿐입니다. 만약 나라를 위해 조공을 아꼈다는 말을 어찌 그가 했겠습니까? 만약 관우가 이렇게 권했는데 유비가 따르지 않은 것이라면 조공의 심복, 친척, 따르는 자가 많고 일이 온전히 준비되지 않아 행하지 못한 것입니다. 조공을 죽일 수 있어도 스스로 화를 면하지 못할 것이므로 계략을 거절한 것이지 어찌 조공을 아껴서였겠습니까? 이미 지나간 일이므로 듣기 좋은 말을 한 것뿐입니다."

손권이 군대를 보내 선주를 도와 조조를 막고, 조조가 군대를 이끌고 물러났다. 선주는 강남의 여러 군을 얻고 큰 공을 세운 자들에게 작위를 내렸다. 관우를 양양 태수, 탕구장군으로 삼아 강북에 주둔시켰다. 선주가 서쪽 익주를 평정하면서 관우에게 형주를 맡겼다. 관우는 마초가 항복해 왔다는 말을 듣고 옛 친구가 아니기에, 제갈량에게 서신을 보내 마초의 재주를 누구와 비교할 수 있는지 물었다. 제갈량은 관우가 지기 싫어하는 것을 알고 이렇게 대답했다.

"마초는 문무를 겸비하고 용맹함이 남다른 일세의 영웅이니, 지난날 경포와 팽월과 같아 익덕과 어깨를 나란히 할 수 있겠으나 염^髥의 출중함과는 비교할 수 없습니다."

관우는 수염이 아름다워 제갈량이 그를 '염'이라 불렀다. 관우가 이 서신을 읽고 크게 기뻐하며 빈객들에게 보여주었다.

일찍이 관우는 화살에 맞아 왼팔을 관통당했다. 후에 상처가 나았지만 흐리고 비가 오는 날마다 뼛속까지 통증이 심했다. 의원이 말했다.

"화살촉에 독이 있어 뼛속까지 독이 들어갔습니다. 팔을 갈라 상처를 내고 뼈를 깎아 독을 제거해야 통증이 사라질 것입니다."

관우가 바로 팔을 뻗어 의원에게 가르라고 했다. 이때 관우는 장수들을 불러 음식을 먹고 있었는데 팔에서 피가 흘러 그릇에 가득 채웠다. 그러나 관우는 구운 고기를 먹고 술잔을 들며 여유롭게 담소를 나누었다.

건안 24년, 선주가 한중왕이 되어 관우를 전장군으로 삼고 가절월을 내렸다. 같은 해 관우가 번성의 조인을 공격했다. 조공이 우금을 보내 조인을 돕게 했다. 가을에 큰비가 내려 한수가 범람하고 우금이 이끌던 칠군이 모두 수몰됐다. 우금이 관우에게 투항하고 관우는 장군 방덕을 참수했다. 양현과 겹현, 육혼현의 농민 반란군이 관우에게 관인을 받고 관우군 일파가 되니 관우의 위엄이 중원을 흔들었다.

조공이 수하와 의논하여 허도를 옮겨 위험을 피하려 했으나 사마의와 장제는 관우가 뜻을 이루는 것은 손권이 원치 않을 것이라 여겼다. 그러니 사람을 보내 손권에게 후방을 치도록 권하고 강남을 할양해 손권에게 주면 번성 포위가 저절로 풀릴 것이라고 했다. 조조가 그 말에 따랐다. 그 전에 손권이 사신을 보내 아들의 배필로 관우의 딸을 청했으나 관우가 사신에게 욕을 하며 혼담을 거절해 손권이 크게 분노했다.

《전략》에 이르길; '관우가 번성을 포위하자 손권이 사신을 보내 돕기를 청하면서 사신에게 빨리 가지 말라 이르고 따로 주부를 보내 관우에게 명을 전하도록 했다. 관우는 사신이 지체하는 것에 분노하고 자신이 우금을 잡은 것에 득의양양해 욕을 퍼부었다. "오소리 새끼가 어디 감히! 번성을 점령하고 내가 네 놈을 멸하지 못할 것 같으냐!" 손권이 이 말을 듣고 자신을 무시하는 것을 알고 거짓으로 서신을 써서 관우에게 사죄하고 직접 가겠다고 전했다.'라고 했다.

"신의 생각은 이러합니다. 형주와 오나라가 겉으로 화목하나 안으로 서로 경계하니 이 때문에 손권이 관우를 급습하기 위해 몰래 군대를 보냈습니다. 여몽의 말에 따르면 무장한 병사는 배 안에 엎드리게 하고 노 젓는 병사는 장사치처럼 흰옷을 입었다고 합니다. 이 말대로라면 관우는 손권에게 도움을 청하지 않았고 손권은 관우에게 간다고 말하지 않았을 것입니다. 만약 서로 돕기로 했다면 무슨 까닭으로 움직임을 숨겼겠습니까?"

또 남군 태수 미방이 강릉에 있고 부사인이 공안에 주둔했는데, 그들 모두 평소 관우가 자신을 업신여기는 것에 불만이었다. 관우가 군대를 이끌고 나가고 미방과 부사인은 군수품 공급을 맡았으나 전력을 다하지 않았다. 관우가 돌아가면 죄를 다스릴 것이라 하니 미방과 부사인은 두렵고 불안했다. 그래서 손권이 몰래 미방을 꾀었고 부사인과 미방은 사람을 보내 손권을 맞았다. 그리고 조조는 서황을 보내 조인을 도왔다.

《촉기》에 이르길; 관우와 서황은 서로 친분이 있어 멀리서 대화했으나 평범한 말만 하고 군사는 언급하지 않았다. 갑자기 서황이 말에서 내리고 명령했다.

"관운장의 목을 가져오는 자에게 상으로 천금을 내리겠다."

관우가 깜짝 놀라 서황에게 소리쳤다.

"대형, 이 무슨 말이오!"

서황이 대답했다.

"이는 나랏일이오!"

관우가 막지 못해 군대를 이끌고 퇴각했다. 손권이 강릉을 점령하고 관우와 관우군 가족을 포로로 잡으니 관우군이 흩어졌다. 손권이 장수를 보내 관우를 뒤쫓고 임저에서 관우와 아들 관평을 참수했다.

《촉기》에 이르길; 손권은 장수를 보내 관우를 공격해 관우와 아들 관평을 사

신이 된 영웅 관우

로잡았다. 손권이 관우를 살려 유비와 조조를 대적하려 하자 수하들이 이렇게 말했다.

"이리 새끼는 길들일 수 없으니 훗날 반드시 해가 될 것입니다. 조공이 그때 관우를 없애지 않아 큰 화를 자초해 도읍을 옮길 의논을 하지 않았습니까? 그런 자를 어찌 살려두겠습니까?"

이에 관우 부자를 참수했다고 했다.

"신이 《오서》를 살펴보니, 손권이 장수 반장을 보내 관우의 퇴로를 끊었고 관우가 도착하자 참수했습니다. 임저에서 강릉까지 3백 리인데 어찌 관우를 그때 죽이지 않고 생사를 논의하였겠습니까? 또 손권이 관우를 살려 유비와 조조를 대적하려 했다라는 것은 터무니없는 말이니 지혜로운 사람의 말문을 막히게 합니다. 《오서》에 이르길, 손권이 관우의 수급을 조공에게 보내니 제후의 예로 장사지냈다고 했습니다."

관우를 장무후로 추존했다.

《촉기》에 이르길; 관우가 처음 군대를 이끌고 번성을 포위했을 때 돼지가 발을 깨무는 꿈을 꾸고 아들 관평에게 말했다.

"내가 올해 쇠약해졌으니 돌아가지 못하겠구나."

《강표전》에 이르길; 관우가 《좌씨전》을 좋아해 암송한 것이 입에서 줄줄 나왔다. 아들 관흥이 뒤를 이었다. 관흥의 자는 안국이고 어려서 명성이 있었고 승상 제갈량이 매우 아꼈다. 약관에 시중, 중감군이 되었다가 몇 해 뒤에 죽었다. 그 아들 관통이 뒤를 이었고 공주를 아내로 맞아 관직이 호분중랑장에 이르렀다. 죽을 때 아들이 없어 관흥의 서자 관이가 작위를 이었다.

《촉기》에 이르길: 방덕의 아들 방회가 종회과 등애를 따라 촉나라를 정벌했고, 촉이 무너지자 관씨 일가를 모두 죽였다.

신이 된 영웅 관우

후기

세월이 훌쩍 흘러 머물지 않으니, 日月忽其不淹兮

봄과 가을이 교대로 바뀌는구나. 春與秋其代序

굴원의 〈이소〉離騷 중에서

세월이 순식간에 흘러 필자가 대학 교단에 선 지 어느덧 30년이 흘렀다. 무심히 세월이 흐르는 동안 검은 머리에 하얀 서리가 내려앉고 이루지 못한 포부는 점점 빛을 잃어갔다. 그러나 학문에 대한 열정과 전통문화에 대한 애정은 언제나 변함없다. 많이 부족하지만 열정을 이어갔고, 수많은 우여곡절을 겪었으나 원망이나 후회는 없다. 사실 이 책은 나의 교수 생활 30년을 기념하며 자신을 위해 준비한 작은 선물이기도 하다.

관우는 중국의 영웅이자 신이고, 관공 숭배와 관공 신앙은 중국의 중요한 전통문화이다. 나는 오랫동안 관공 문화를 연구하고 알려왔고 10년 전 대학에서 〈관공 문화〉 수업을 개설했다. 관공의 충의와 신의가 새 시대의 빛이 되어 젊은 세대가 가슴으로 우리의 소중한 전통문화를 인식하길 바라는 마음으로 최선을 다해 관공 문화를 널리 알려왔다. 이 과정에서 자연스럽게 관공 정신과 이야기를 글로 정리하고 싶었다. 그간의 학술 성과를 정리하기 위함이지만 동시에 관공 정신을 널리 알려 관공 문화 전파에 일조할 수 있길 진심으로 바란다.

이 책은 독자들이 관공의 중요한 업적을 이해하고 지도와 삽화를 통해 관공의 발자취를 따라가며 그곳 사람들이 어떻게 관공을 숭배해왔는지 알려줄 것이다. 관공의 발사취를 하나하나 따라가다 보면, 관공 정신이 들판을 태우는 불길처럼 온 중국으로 퍼져 나가고, 또한 그 불길이 오랫동안 꺼지지 않고 세계 각지로 뻗어 나가는 이유도 이해하게 될 것이다.

마바오지

2016년 12월 12일

신이 된 영웅 관우